# 技术破位

## 精准捕捉短线止损卖点

郑　蓂◎编著

中国铁道出版社有限公司
CHINA RAILWAY PUBLISHING HOUSE CO., LTD.

**图书在版编目（CIP）数据**

技术破位：精准捕捉短线止损卖点/郑葭编著.—北京：
中国铁道出版社有限公司，2024.3
ISBN 978-7-113-31016-5

Ⅰ.①技… Ⅱ.①郑… Ⅲ.①股票投资–基本知识
Ⅳ.①F830.91

中国国家版本馆CIP数据核字（2024）第022484号

书　　名：**技术破位——精准捕捉短线止损卖点**
**JISHU POWEI：JINGZHUN BUZHUO DUANXIAN ZHISUN MAIDIAN**
作　　者：郑　葭

责任编辑：杨　旭　　编辑部电话：（010）63583183　　电子邮箱：823401342@qq.com
封面设计：宿　萌
责任校对：苗　丹
责任印制：赵星辰

出版发行：中国铁道出版社有限公司（100054，北京市西城区右安门西街8号）
印　　刷：三河市宏盛印务有限公司
版　　次：2024年3月第1版　2024年3月第1次印刷
开　　本：710 mm×1 000 mm　1/16　印张：11.5　字数：171千
书　　号：ISBN 978-7-113-31016-5
定　　价：69.00元

## 前言

技术分析方法千千万万，不同的流派、不同的策略乃至不同的人群都有不同的分析方法。对于股市投资者来说，找到适合自己的投资策略及技术分析方法，能够在很大程度上决定盈利的丰厚与否。

短线投资是众多投资策略之一，它具有持股时间短、资金流转快、投资门槛低和风险相对偏小等特点，是许多投资者颇为青睐的一种策略。

短线投资者可以选择的技术分析方法非常多，根据买卖操作的阶段不同可分为几大类：如买点技术、加仓技术、止盈技术和止损技术等。其中，止损是短线投资过程中的重要一环，也是降低投资风险的有效手段，短线投资者不可不重视。

在众多止损技术中，破位技术是比较常见和高效的一种分析方法。根据破位对象的不同，可将其分为技术形态破位、均线支撑破位及技术指标破位三大类。其中，技术形态破位指的是 K 线形态的破位，另外两种破位的对象则分别是均线和各种技术指标。

别看破位技术的分类很少，但每个分类中包含的内容却相当繁杂。比如均线支撑破位，不仅包含均线组合内部不同均线之间的破位，还包括 K 线对均线组合的破位等，技术指标破位也是一样。

因此，为了帮助短线投资者更好地学习和理解破位技术，达到及时止损、降低投资风险的目的，笔者根据破位技术的三大分类和实战应用之法编写了本书。

全书共六章，可分为四部分：

◆ 第一部分为第 1 章，主要是针对破位技术的基础知识进行讲解，包括破位技术的形成原因、破位类型、判断方法及应对策略等，能够让投资者对破位技术有一个初步的认知。

◆ 第二部分为第 2 ~ 4 章，是针对破位技术的三大分类进行的讲解，主要包括技术形态破位、均线支撑破位及技术指标破位的理论知识和案例解析，帮助投资者深入学习破位技术。

◆ 第三部分为第 5 章，主要解析的是分时图中的破位技术，比如股价线对均价线和关键价格线的破位，股价线的特殊顶部破位形态，以及分时量价之间形成的破位。

◆ 第四部分为第 6 章，是对前面理论知识的融合使用，通过选取几只走势不同的股票，向投资者展示在真实的市场中应当如何分析和判断出破位形态，并应用合适的破位技术来分析卖点和止损点。

全书的理论知识都配有对应的案例解析，而且在最后一章也特意模拟了真实情景进行操作，再加上每个案例图文并茂，标注详细，因此，书中内容实战性较强，即便是新手投资者也能很好地理解。

最后，希望读者通过对书中知识的学习，提升自己的股票投资技能，收获更多的投资收益。但任何投资都有风险，也希望广大投资者在入市和操作过程中谨慎从事，不要盲目跟从理论知识操盘，而要结合多方情况与分析技术综合考虑。

郑 葭

2023 年 12 月

# 目录

## 第 1 章 破位基础认知与短线策略

## 第 2 章 K 线形态破位的短线应用

# 第 3 章　短期均线破位技术解析

# 第 4 章 常用指标破位寻短线卖点

# 第 5 章　分时走势中短线破位止损

# 第 6 章 实战中利用破位技术卖出

## 第1章

# 破位基础认知与短线策略

破位是许多投资者常接触的一个概念，本书重点介绍的是向下的破位。简单来说，向下破位就是股价跌破关键支撑线的现象。而当股价形成破位后，一般都会出现下跌，短线投资者需要做的就是及时止损。不过在此之前，短线投资者还是有必要先了解破位的基础含义和应对策略，同时也要注意具体问题具体分析，不可盲目按照本书的理论知识进行操作。

# 1.1 破位含义与原因应知晓

在使用破位技术进行股市实战指导之前，短线投资者有必要先了解和熟悉破位技术是什么，为什么出现。这样才能在打好基础的前提下，更好地将理论知识应用到实战中，帮助自己及时止损出局。

## 1.1.1 破位的含义及类型

在股市中，破位包含两个方向：一个是向上破位，另一个是向下破位，而本书重点介绍的就是向下破位。

向下破位是指股价跌破重要技术支撑位的情况，此后股价趋势转向下方运行，呈现出明显的颓势状态。在此之前，股价既可能在上涨，也可能是横盘震荡，但一旦破位状态形成，短时间内的下跌趋势就基本确定了，这也是向下破位点也称作止损点的原因。

根据股价跌破重要技术支撑位的类型，破位被划分为三种类别，分别是技术形态破位、均线支撑破位及技术指标破位，下面来逐一介绍。

### （1）技术形态破位

技术形态破位主要是指 K 线技术形态的破位。其中的重要技术支撑位包含了上升趋势线、前期低点、整理形态下边线和筑顶形态颈线等多种由 K 线组合形成的支撑线，如果股价跌破这些支撑线，就属于技术形态破位。下面来看一个示意图。

图 1-1 为股价对前期低点的破位。

从图 1-1 中可以看到，平安银行（000001）的股价在 2023 年 2 月中旬跌到 13.50 元价位线上后就止跌并很快向上反弹了。在经历了半个多月的震荡后，股价在 14.50 元价位线下方结束反弹，回归下跌之中。

该股在 3 月初收出数根阴线跌破 13.50 元价位线时，就完成了对前期低点的破位。并且由于许多短线投资者就是在该价位线附近建仓入场的，因此，当破位状态形成后，许多短线投资者也将面临亏损，那么这里的破位点就是一个明确的止损点。

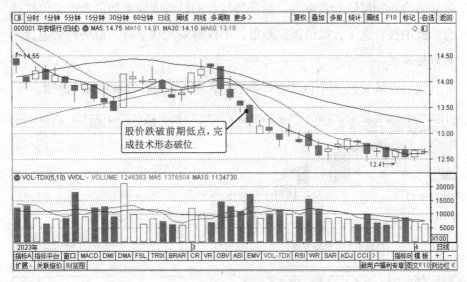

图 1-1　股价对前期低点的破位

### （2）均线支撑破位

均线支撑破位主要指均线系统对股价起支撑作用，一旦股价跌破均线，破位形态就算成立了。

这里先介绍一下均线对股价的支撑作用从何而来。投资者需要知道，均线全称为移动平均线，它是以每日收盘价作为计算依据，以不同时间长度作为计算周期，所得出的没有偏向性的平均曲线。

也就是说，均线代表的是某特定周期内股票交易的平均价格，从另一个方面来看，也可以理解为某特定周期内投资者的持仓成本。

因此，每当股价向下移动到均线附近时，就代表着市场价格逐渐向某特定周期内投资者的持仓成本靠拢。如果市场长期看好个股，在获益意愿的驱使下，就会在二者靠近的位置注资抬升价格，使得股价重归上涨，以扩大自身的获益空间，从 K 线图中来看，就好像均线支撑着股价上涨。

但是，当股价破位均线时，就代表着外部资金不足，市场价格已经低于某特定周期内投资者的持仓成本，盘中开始出现亏损。此时，许多场内投资者会希望尽快抛盘离场，而场外接盘的投资者则希望以更低的价格建仓，此消彼长之下，股价越来越低，不仅导致均线下行，市场趋势也会向着颓势发展。

这一点从 K 线图中可以看得很清楚，图 1-2 为股价对均线的破位。

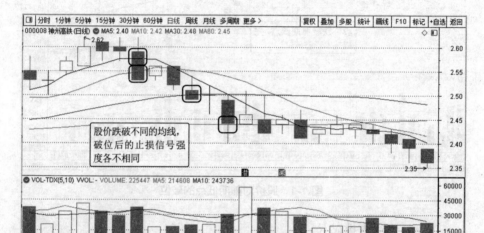

**图 1-2　股价对均线的破位**

从图 1-2 中可以看到，由于均线系统包含多根均线，因此，当股价对不同时间周期的均线完成破位时，其价格位置有着很大的差别。时间周期越短的均线，被破位时的价格就越高，短线投资者止损的效果也越好。

那么为什么投资者不直接使用时间周期最短的均线进行观察，反而要使用一整个均线系统呢？答案很简单，那就是破位的有效性和真实性。

不知道投资者有没有注意到，时间周期越短的均线，与股价的贴合度越高，敏感度也越高。这就意味着，当股价有很小幅度的波动时，短期均线都可能产生比较明显的变化，使其更容易被破位。但如果股价在破位短期均线后的次日就回升了，短线投资者止损出局的意义何在呢？

因此，在观察均线支撑破位时，短线投资者还是要考虑到这方面的问题。而更具体的关于真假破位的判断方法将在 1.2.1 节中讲到。

### （3）技术指标破位

技术指标破位很好理解，就是各种技术指标在运行过程中，关键支撑位被跌破的状态。相较于前两种破位形态，技术指标破位有其特殊之处，即它不一定表现的是股价对技术指标的破位，更多时候体现的是技术指标线对自身的破位，毕竟不是所有技术指标都能叠加到 K 线图中使用。

举个简单的例子，MACD 指标就是一种不能与 K 线叠加使用的技术指标，那么投资者就只能将目光集中在其自身的破位形态之中，下面来看一下图 1-3 展示的 MACD 指标的破位。

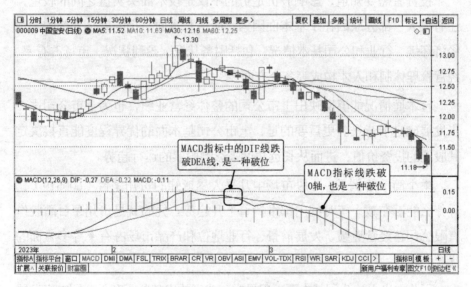

**图 1-3  MACD 指标自身的破位**

可以看到，无论是 MACD 指标线之间的跌破形态，还是 MACD 指标线对指标 0 轴的跌破形态，都能算作破位。虽然其中并没有 K 线的参与，但技术指标破位形态对股价走势的预示作用还是比较有效的，短线投资者完全可以借助这些技术指标的破位形态寻找卖点。

## 1.1.2  破位的形成原因

破位的形成原因还是比较复杂的，具体要根据实际情况来分析。一般来说，技术形态破位和均线支撑破位大多数是股价在某段时间或某一时刻快速下跌造成的，技术指标破位则需要看是何种指标，代表的是市场怎样的波动情况。

本节重点介绍股价在某段时间或某一时刻快速下跌的原因。造成这种状况的，除了外部利空消息的突然打击和市场看跌情绪浓厚以外，最常见的原因还有主力的刻意压价。

### （1）外部利空消息的突然打击

投资者需要知道，影响股价走势的不仅是技术面买卖盘之间的较量，还有很大一部分原因在于基本面因素。所谓基本面，指的就是外部的宏观经济环境、行业和公司基本情况，包括财务状况、盈利状况、市场占有率、经营管理体制和人才构成等各个方面。

基本面情况能够反映出上市公司的整体经营业绩，也为上市公司进一步发展确定了背景。更重要的是，上市公司基本面的优异程度能直接决定其股票的投资价值，进而从长远角度来影响股票的运行趋势。

举个简单的例子，A 股市场中几乎人尽皆知的贵州茅台（600519），凭什么能够在数十年时间内都维持着上升趋势？凭的就是贵州茅台酒股份有限公司在经营业绩、发展前景、行业地位和产品市场占有率等多方面的优异表现。

因此，当上市公司基本面出现异常，或者放出某些不利于公司未来发展的利空消息时，无疑会对其股票的投资价值带来较为沉重的打击。

即使短线投资者不进行长期投资，不用太过关注这些基本面消息，但如果这种因素对股价的影响过大，也可能造成短时间的暴跌，进而形成各种各样的破位形态，导致短线投资者受损。

### （2）市场看跌情绪浓厚

市场看跌情绪浓厚，自然会在很大程度上影响场内资金的流动。

首先就是外部资金注入的速度和金额会大幅度减少，若买盘大多持观望态度，那么市场中用于抬价的力量就不会太强。毕竟价格的抬高会导致买方成本增加，在本就不看好后市发展的情况下，很少会有买方愿意这样做。

其次就是内部资金流出的速度变快，这一点主要体现在卖盘的压价上。从心理上分析，当市场普遍不看好个股时，股价可能已经出现了一定程度的下跌了。那么此时仍处于场内的短线投资者无论有没有亏损，在心理上大概率是会产生不安甚至恐慌的，有些谨慎的投资者就会主动将卖价压到稍低于当前交易价格的位置，以期尽快出局。

当这样的情况愈演愈烈，甚至卖盘的压价速度已经赶不上股价的下跌速度时，恐慌情绪必然更盛，价格也会被压低得更狠，导致恶性循环的产生。在这种情况下，股价形成破位就显得理所应当了。

### （3）主力的刻意压价

相信很多投资者对主力还是有一定了解的，从本质上来看，主力就是一类专业性更强、资金更加雄厚的投资者。相对于散户来说，主力所能掌握的筹码更多，手中能够用于投资的资金也更雄厚，他们对于股价的影响力自然也会更大。因此，为了更好地获利，主力也是有操盘计划的。

在其操盘计划中的某些环节，就包含了对股价的刻意压制。其中，吸筹、震仓和出货这三个环节就可能会导致股价在短时间内快速下跌。

◆ 吸筹：吸筹也就是建仓，以越低的价格建仓，未来获益的空间就会越大，这是所有投资者都知晓的道理，主力自然也懂。并且由于投资资金量庞大，主力反而会更加重视成本控制。因此，刻意压价低位吸筹就成了主力的常用手法，进而导致股价快速下跌形成破位。

◆ 震仓：从字面意义上来看，震仓就是通过一定的震荡，使得一些松散的筹码掉落出局，同时也能筛选出稳固的筹码，进入下一轮的拉升之中。简单来说，震仓就是主力通过短期快速压价，甚至使得股价破位

　　的手段，促使场内浮筹集中换手，使得场内氛围更趋向于看多，这样能够减轻未来拉升过程中获利盘陆续离场带来的压力。

◆ 出货：出货就很好理解了，当价格上升到预期位置时，主力就会开始准备抛盘兑利。如果在某段时间内抛售的筹码太多，就可能会导致市场价格动荡，甚至形成急涨后急跌的情况。毕竟主力手中的筹码可不是一个小数目，如此巨量的资金集中撤离，必定会影响市场价格，导致股价暴跌乃至破位。

## 1.2　对破位的判断和应对

　　破位的真假之分，其实就是对破位形态有效性的判断和确认。而对真破位形成后的应对，则是短线投资者能否及时止损、避开下跌的关键。

### 1.2.1　如何判断真假破位

　　严格来说，破位并不分真假，只要股价或技术指标跌破了关键支撑位，就已经算作是破位了。至于为什么一定要有真假之分，自然在于其传递信号的有效性和可靠性。

　　如果股价或技术指标只是短暂跌破某关键支撑位，后续很快又回到了其上方，那么这就不能算作是有效破位。因为如果短线投资者在破位当时就迅速卖出，后续股价继续上涨时，这些投资者就会踏空行情，再次买进的成本也会增加。因此，这样的破位基本上是没有意义的，人们就会将这种破位称为假破位。

　　而真破位，也就是有效破位该如何辨别呢？主要看破位之后股价或技术指标的走势。

　　一般来说，当股价或技术指标跌破关键支撑位后，会在不久之后形成一定程度的回抽，也就是反弹向上接触到关键支撑位。如果股价或技术指标没能突破回到关键支撑位之上，而是转头继续下跌，那么前期的破位就是有效的。

还有一种情况，就是当股价或技术指标破位后持续且快速地下跌，短时间内没有形成明显的回升迹象，这种破位也被称为有效破位。

下面通过一个案例来观察真假破位的区别。

**实例分析**

### 文一科技（600520）真假破位的区别

为了同时向投资者展示技术指标的真假破位，本案例将选取 MACD 指标作为辅助技术指标进行同步分析。

图 1-4 为文一科技 2022 年 6 月至 9 月的 K 线图。

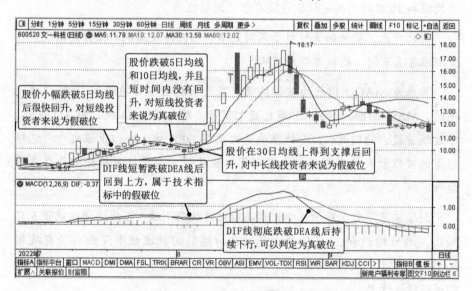

图 1-4 文一科技 2022 年 6 月至 9 月的 K 线图

在文一科技的这段走势中，7 月至 8 月的上升走势还是比较明显的，期间形成了数次均线支撑破位，但有效性却各不相同。

比较明显的一次假破位在 7 月中旬产生。股价先是在 10.00 元价位线上方受阻后小幅回落，跌破 5 日均线后连续数日运行到其下方，形成一次短线破位。

不过，由于 5 日均线还在上升，此次破位带来的损失并不大，并且在数日后，K 线就收阳回到了 5 日均线之上。如此短暂的破位，几乎无法为短线投资者带来什么止损意义，反而会导致短线投资者反复进出，增加持仓成本，这就是一种比较典型的假破位。

到了 7 月下旬，股价再次受阻下跌，这一次就成功跌破了 5 日均线和 10 日均线，并且在一段时间内都维持着跌势。对于短线投资者来说，这就可以被称为真破位了，因为它的短线止损意义是存在的。

但对于中长线投资者来说又有不同，因为股价在 30 日均线上得到支撑后就继续上涨了，并且涨速还比较快。按照中长线投资者的策略，一旦出局，短时间内是不会再次买进的，因此，如果中长线投资者在此处出局，大概率会踏空后市行情，损失会更加严重。那么对于中长线投资者来说，股价对 5 日均线和 10 日均线的破位就是没有意义的假破位。

由此可见，破位的真假对于不同策略、不同持股周期的投资者来说，判断标准各有不同，投资者不可盲从。

再来看 MACD 指标的破位情况。在股价跌破 5 日均线和 10 日均线的同时，MACD 指标中的 DIF 线也随之下行，跌破了 DEA 线，形成了破位。不过随着股价的回升，DIF 线很快再次上穿 DEA 线，回归上涨之中。这样短暂的破位放在技术指标中也可以算作假破位，毕竟技术指标难免存在滞后性。

到了 8 月下旬，股价在创出新高后迅速收阴下跌，K 线连续跌破了 5 日均线、10 日均线和 30 日均线，并且在后续的回抽过程中没能成功突破到 30 日均线之上。这样的破位对于中长线投资者来说都是绝对的真破位了，更别说短线投资者。

同一时期，MACD 指标中的 DIF 线也快速下穿 DEA 线，并且在后续的走势中持续下行，短时间内没有形成回升迹象。这在技术指标中就是一种真破位了，结合 K 线图中股价的真破位，此次的止损信号就相当强烈了，无论是短线投资者还是其他投资者，都应以尽快出局为佳。

## 1.2.2　破位后的短线应对策略

前面已经介绍过了，不同操盘策略，不同持股周期，甚至是不同性格的投资者，对于真假破位的判断标准都是不一样的。比如部分谨慎型投资者认为股价只要跌破前期低点，就算是真破位；部分惜售型投资者则一定要等到股价下跌到一定程度才认定其为真破位。

不过，由于短线投资者的特性使然，这部分投资者的收益情况受股价短期涨跌的影响较大。举个简单的例子，如果某投资者以 10.00 元的价格买进股票，三个交易日后股价涨到了 12.00 元，这时出局就能获得 20% 的收益。若投资者继续持有，股价却在第四个交易日快速下滑，跌到了 11.00 元，就会直接将投资者的收益削减 10%。

因此，短线投资者如果面对破位时迟疑太长时间，或是惜售不肯出局，面临的损失甚至可能高于根本不打算卖出的中长线投资者，因为中长线投资者的建仓位置更低，底气更足。

所以，短线投资者比较好的应对破位的策略，就是在破位有效性暂且难以确定时及时撤离。就算因此踏空后市行情，也还有再次入场的机会，如果不愿意止损，后续面临的损失可能越来越大。

下面通过一个案例来看一下短线投资者应当如何应对破位。

**实例分析**

### 华海药业（600521）短线投资者如何应对破位

图 1-5 为华海药业 2023 年 2 月至 5 月的 K 线图。

在华海药业的这段走势中，股价的跌势还是很明显的。在 3 月中旬股价跌至 19.50 元价位线附近时，整体跌势暂缓，随后开始在该价位线的支撑下横盘震荡。

3 月下旬时，股价已经出现了比较明显的反弹迹象，许多短线投资者也趁此机会建仓买进。随着反弹趋势的逐步明确，越来越多的买盘涌入场内，推动着股票价格的上升。

但反弹终有尽头，4月中上旬，股价在21.00元价位线上受阻后回落到20.50元价位线附近，在此横盘数日后，K线收出一根长实体阴线将该支撑线跌破，形成了一次技术形态破位。此时，谨慎的投资者就要准备撤离了。

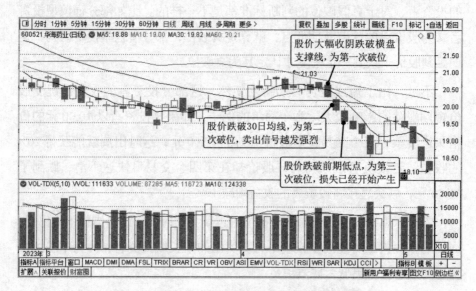

图1-5　华海药业2023年2月至5月的K线图

继续来看后面的走势。就在股价形成技术形态破位的第二个交易日，K线再度收阴，跌破了30日均线，形成均线支撑破位。二次破位无疑增强了后市下跌的信号，再次向短线投资者示警。

第三个交易日结束后，股价已经向下接触到了19.50元价位线，也就是前期低点附近，第四个交易日则确定了股价对前期关键支撑线的破位。连续形成三次破位形态，已经充分证实了股价的跌势，再加上此时股价可能已经跌破了多数短线投资者的建仓成本，此时还未离场的投资者就需要抓紧时间止损了。

从后续的走势也可以看到，尽管股价在跌到18.50元价位线附近后有所回升，但回升的高点也才接近30日均线，证明这只是一次对破位的确认，而非继续上涨。若短线投资者一定要等到此时才确认破位有效而出局，那面临的也只能是损失，不像前两次破位，还有获益的机会。

第2章

# K线形态破位的短线应用

K线形态破位其实就是前面介绍过的技术形态破位，作为股市技术分析的基础，K线也是短线投资者应当重点分析和关注的对象。本章就将借助K线的组合形态，帮助短线投资者寻找到合适的短线破位止损点。

## 2.1  K 线组合短线破位形态

K 线的组合形态指的是由两根及以上的 K 线构成的，具有特殊预示意义的组合形态，其中有不少形态都是在股价破位时产生的，有的在股价高位，有的在下跌途中，但传递出的基本上都是看跌信号，这对短线投资者寻找到合适的止损点提供了不小的帮助。

### 2.1.1  倾盆大雨

倾盆大雨是由两根 K 线构成的看跌形态，前阳后阴，阴线的开盘价要低于阳线的收盘价，同时，阴线的收盘价也要低于阳线的开盘价，整体呈现出交错的状态。图 2-1 为倾盆大雨形态示意图。

**图 2-1　倾盆大雨形态示意图**

倾盆大雨对 K 线的影线要求不多，有没有、长不长都不是问题。不过，如果两根 K 线的实体越长，那么形态就越标准，传递出的反转信号也就越强烈。而形态中的破位，自然就是阴线收盘价对前期低点的破位。

由此可见，倾盆大雨一般是形成于股价高位的，比如上涨趋势中的回调前夕、上涨行情的顶部及下跌过程中反弹的顶部等。第一根阳线自然是上涨趋势的延续，当第二根阴线破位下跌时，短时间内的下跌趋势就比较明确了。就算股价只是回调，后续很快能够回归上涨，短线投资者也要谨记破位的应对策略，及时出局观望。

下面通过一个案例来解析形态。

**实例分析**

**中天科技（600522）倾盆大雨破位形态解析**

图 2-2 为中天科技 2022 年 6 月至 9 月的 K 线图。

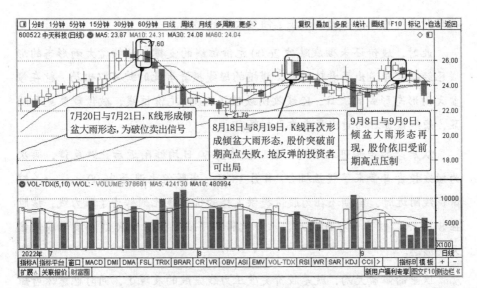

图 2-2　中天科技 2022 年 6 月至 9 月的 K 线图

在中天科技的这段走势中，股价形成了数个价格山峰。巧合的是，在每一个明显的山峰顶部，K 线都形成倾盆大雨的形态，这无疑对短线投资者的操盘相当有益，下面就来逐一进行解析。

第一个倾盆大雨形成于 7 月中下旬，在此之前，股价已经经历了比较长时间的上涨，这一点从呈现为多头排列的均线组合就可以看出。在 7 月中旬时，股价已经来到了 26.00 元价位线附近，在此明显受阻后进入横盘。

**拓展知识** *什么是均线的多头排列*

均线的多头排列其实是一种特殊形态，它指的是均线组合自上而下按照短期均线、中期均线和长期均线的顺序排列的情况。一般来说，只有当股价上涨速度够快，上涨趋势够稳定，才能带动均线组合形成这样的排列。因此，多头排列也是检验股价是否转为上涨趋势的信号之一。

7 月 20 日，K 线收出了一根带长上影线的阳线，最高价已经探到了 27.60 元处，但冲高回落的走势也证明了上方压力较重，股价有见顶的可能。7 月 21 日，股价以低于前日收盘价的价格开盘，随后震荡下行，最终以低于前日开盘价的价格收盘，形成了倾盆大雨的形态。

此时，股价还未彻底跌破 26.00 元价位线的支撑，但倾盆大雨形态的形成已经提前传递出了看跌信号，谨慎的短线投资者此时就可以出局。就在倾盆大雨形态形成的次日，K 线收阴跌破了 26.00 元价位线，破位现象更加明显，短线投资者的卖出意愿要更加坚定。

从后续的走势可以看到，该股在跌至 60 日均线附近后止跌反弹，再次为短线投资者带来了获益机会。8 月 18 日，当股价上涨至 26.00 元这一关键价位线附近时，前期还在为股价提供支撑的价位线此刻转为了压力线，该股在 8 月 18 日收出一根阳线后，次日就转阴下跌了，两根 K 线再度形成倾盆大雨形态。

这里的倾盆大雨，就是股价突破压力线失败的表现了，同时也意味着短时间内该股很难再超越前期，短线投资者可以继续依靠反弹获益，但一定要注意借助倾盆大雨形态及时止损。

在此之后，该股在 9 月初再次反弹，数日之后依旧在 26.00 元价位线附近受阻回落。受阻的过程中，9 月 8 日的阳线和 9 月 9 日的阴线又一次形成倾盆大雨形态，这提醒短线投资者要及时出局。

## 2.1.2 黄昏之星

黄昏之星由三根 K 线构成，第一根需要是阳线，第三根需要是阴线，第二根不限阴阳，只要实体明显短于另外两根 K 线即可。除此之外，第二根小 K 线还至少需要实体向上跳空，并且不能与第三根阴线的实体重叠，保持为悬空的状态。图 2-3 为黄昏之星形态示意图。

图 2-3 黄昏之星形态示意图

理想状态下，黄昏之星的第二根 K 线应当是十字星线，并且完全跳空，独立于另外两根 K 线之上。但短线投资者也不必追求完美，只要小 K 线的实体能够跳空就可以了。

黄昏之星与倾盆大雨一样，也是形成于股价高位的反转形态。不同的是，黄昏之星中的小 K 线需要是近期股价的最高点，这样才能体现出反转的意义。当第三根阴线破位下跌时，短线投资者的卖出机会就来临了。

当然，并不是所有的这种形态都能被称为黄昏之星。有些时候，K 线甚至会在形成类似形态后的次日就继续收阳上涨，这种情况就只能算作短暂回调，属于假破位的一种。因此，短线投资者也可以在类似黄昏之星的形态出现后再观察一两个交易日，以免踩空。

下面通过一个案例来解析形态。

**实例分析**
## 重药控股（000950）黄昏之星破位形态解析

图 2-4 为重药控股 2022 年 10 月至 2023 年 1 月的 K 线图。

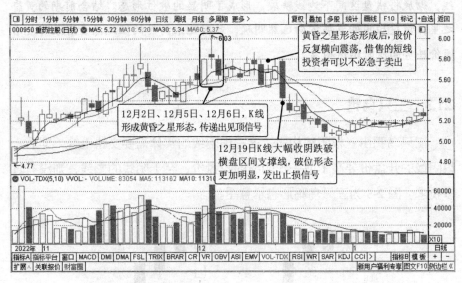

图 2-4  重药控股 2022 年 10 月至 2023 年 1 月的 K 线图

从图 2-4 中可以看到，重药控股正处于涨跌趋势的转换过程中。在 2022 年

11月，股价还处于积极的上涨之中，价格一直向上跃过5.80元价位线后才受阻回落，形成了一次回调。

此次股价的回调在5.40元价位线附近止住，横盘数日后继续上涨。12月2日，K线收出一根长实体阳线，再次向上接触到了5.80元价位线。12月5日，股价高开后形成冲高回落走势，当日收出一根小阴线，并且实体跳空。12月6日，股价低开后持续低走，K线收出一根长实体阴线。

将这三根K线联系起来，就能看出是黄昏之星形态，再加上此处正是前期高点附近，带长上影线的小阴线说明了市场推涨困难，这些都意味着股价可能即将或已经见顶，谨慎的短线投资者此时就应该出局。

继续来观察后续的走势。就在黄昏之星形成后的次日，股价有收阳回升的迹象，不过其后数日，该股只是维持在5.60元到5.80元的价格区间内震荡。此时场内形势暂不明朗，短线投资者在资金尚未受损的情况下，还可以继续观察。

这样的状态一直持续到12月19日，K线终究还是收出了一根长实体阴线，彻底将横盘区间下边线跌破，形成了明显的破位形态。结合前期的黄昏之星，该股后市的发展方向已然明确，此时还未离场的短线投资者最好趁着股价跌势尚浅时迅速撤离。

### 2.1.3 三只乌鸦

三只乌鸦由三根阴线构成，这三根阴线的实体需要交错重叠，即后一根阴线的开盘价要高于前一根阴线的收盘价，至于阴线的影线，则没有过多要求。图2-5为三只乌鸦形态示意图。

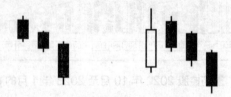

图2-5 三只乌鸦形态示意图

在图 2-5 中可以看到，三只乌鸦还有一种进阶形态，即在阴线形成之前存在一根阳线。第一根阴线的开盘价如果能够低于前一根阳线的最高价，那么这种形态就被称作三只乌鸦挂树梢。

普通的三只乌鸦和三只乌鸦挂树梢形成的位置稍有不同，前者一般形成于下跌过程中，是一种持续性的看跌形态；后者常出现在股价顶部，是一种涨跌趋势转折的形态。

由此可见，两种形态的信号强度和破位程度都有所不同，短线投资者需要根据实际情况来判断，并及时利用形态撤离。

下面通过一个案例来解析形态。

**实例分析**

### 东方中科（002819）三只乌鸦破位形态解析

图 2-6 为东方中科 2021 年 9 月至 2022 年 1 月的 K 线图。

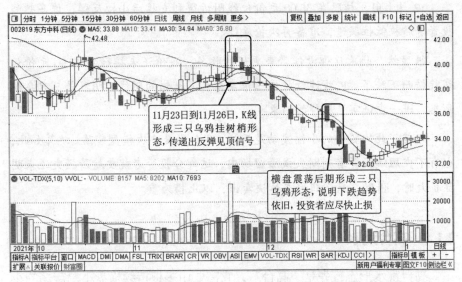

图 2-6　东方中科 2021 年 9 月至 2022 年 1 月的 K 线图

在东方中科的这段走势中投资者能够看到，2021 年 10 月，该股的震荡趋势是比较明显的，在此期间并没有较好的短线买点，投资者还应以观望为主。

不过，在进入11月后，股价的反弹趋势就显现出来了，K线开始频繁收阳，尽管涨势不算稳定，但整体向上攀升的趋势还是能够确定的，短线投资者可趁机在合适的位置买进。

11月23日，该股盘中形成冲高回落走势，最高价直冲42.00元价位线以上，但最终还是小幅回落，以4.35%的涨幅收出一根长实体阳线。次日，该股以低于前一根阳线最高价的价格开盘后震荡下行，收出了一根阴线。随后的两个交易日，K线都以阴线报收。

将这四根K线结合来看，会发现不仅三根阴线的实体都有重叠，第一根阴线的开盘价还低于前一根阳线的最高价，基本符合三只乌鸦挂树梢形态的技术形态。再加上11月23日K线收阳时价格已经接近前期高点，反弹结束即将回归下跌的信号就更加明确了，此时机警的短线投资者要迅速卖出。

当下跌趋势延续至12月时，股价已经跌到了36.00元价位线附近，此时该止损离场的投资者基本都已经撤离了。

12月上旬，该股在36.00元价位线附近得到支撑后小幅反弹，许多短线投资者趁机低位买进，准备再次抢反弹。

很显然，此次反弹没能带来更好的收益，股价还未接触到37.00元价位线就转而下跌了。K线连续收出三根实体相互交错的阴线，明显是三只乌鸦形态，进一步证实了反弹的结果。

与其说此次股价的小幅波动是反弹，不如说是一次横盘震荡。就算如此，也有不少短线投资者判断失误滞留场内，这部分投资者就要趁着损失还未明显扩大时，借助三只乌鸦形态尽快卖出，以止损为重。

## 2.1.4　高台跳水

高台跳水形态首先是"高台"，它需要由多根持续横盘小幅震荡的小实体K线构成，不限阴阳，也不限数量，只要能够看出横盘即可。其次是"跳水"，它指的是股价凭借一根长实体阴线一举跌破横盘区间下边线，形成的急速下跌状态。图2-7为高台跳水形态示意图。

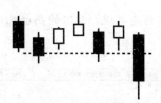

图 2-7 高台跳水形态示意图

高台跳水形态没有对 K 线数量的限制，一般来说，构成"高台"部分的 K 线越多，"跳水"时出现的阴线实体越长，形态就越标准，传递出的破位和看跌信号就越强烈。

高台跳水可能连续出现，导致股价呈现出阶梯式下跌的情况。这就说明市场中虽然还存在不小的助涨力度，但始终无法有效翻盘，只能表现为阶段式的反抗。

在这种走势中，短线投资者就要谨慎参与，或者不要参与，避免判断失误被套场内。如果真的被套，也要尽快跟随高台跳水形态出局。

下面通过一个案例来解析。

**实例分析**

### 中国银河（601881）高台跳水破位形态解析

图 2-8 为中国银河 2020 年 11 月至 2021 年 2 月的 K 线图。

从图 2-8 中可以看到，中国银河正长期处于下跌趋势之中，期间只形成过几次幅度不大的反弹。2020 年 12 月初，股价反弹到了接近 14.00 元的位置，不过次日便回归下跌了。

数日后，股价落到 13.00 元价位线附近，横盘两个交易日后，12 月 9 日，K 线大幅收阴，彻底破位 13.00 元支撑线，形成了一个不太标准的高台跳水形态。虽然"高台"部分构筑时间较短，但由于"跳水"时的阴线实体较长，形态依旧传递出了明显的看跌信号，这提醒投资者要及时止损。

第一次高台跳水形态出现后，股价跌至 12.00 元价位线附近，再次形成震荡幅度较小的横盘走势。12 月 22 日，K 线再度收出长实体阴线，将 12.00 元的支撑线跌破，高台跳水形态再现。此次的高台跳水形态就比较标准了，释放出的还是弱势信号。

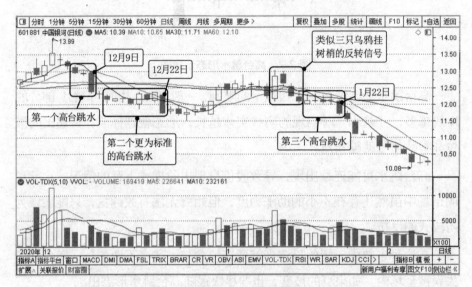

图 2-8　中国银河 2020 年 11 月至 2021 年 2 月的 K 线图

继续来看后面的走势。12 月下旬，股价在 11.50 元价位线上得到支撑后开始反弹。这对于长期观望的短线投资者来说无疑是一个参与的好机会，许多投资者借机低位建仓。

2021 年 1 月中旬，该股在 13.00 元价位线附近上涨受阻，在一根长实体阳线之后连收三根阴线，构成了一个类似于三只乌鸦挂树梢的形态。尽管三根阴线的实体并未完全产生重叠，形态不符合三只乌鸦挂树梢的要求，但是它依旧能发出转折信号，意味着反弹的见顶。

在此之后，股价在 12.00 元价位线附近得到支撑后再次横盘，横盘期间收出的都是小 K 线，甚至还有十字星线。

1 月 22 日，K 线大幅收阴下跌，完成了对该关键支撑线的破位，结合前面形成的横盘，高台跳水的形态更加清晰了。反转信号后接看跌信号，短时间内该股的下跌趋势确定，此时还未离场的短线投资者不可过多停留。

### 2.1.5 空方炮

空方炮也被称为两阴夹一阳，一般由三根 K 线构成，第一根和第三根 K 线都是阴线，中间阳线的收盘价需要与其中一根阴线的开盘价相近。图 2-9 为空方炮形态示意图。

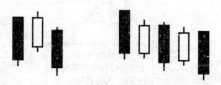

图 2-9 空方炮形态示意图

有些时候，空方炮会连续形成，变化为图 2-9 中右侧展示的这种三阴夹两阳的形态。空方炮依旧是一种形成于下跌过程中的看跌形态，中间的阳线就是买方暂时反抗的表现，但显然后续的阴线也是卖方持续施压造成的。

空方炮形成的位置越高，帮助短线投资者止损的效果越好。当然，前提是短线投资者要在审时度势后及时撤离。

下面通过一个案例来解析。

**实例分析**

### 中国外运（601598）空方炮破位形态解析

图 2-10 为中国外运 2021 年 7 月至 11 月的 K 线图。

从图 2-10 中可以看到，中国外运明显处于涨跌趋势转变的过程中。从 2021 年 8 月下旬开始，K 线就在不断地收阳上涨，股价持续上扬至 6.00 元价位线上方，才在此受阻横盘。

就在股价创出新高的次日，也就是 9 月 14 日，K 线收阴回落到 5.75 元价位线附近。在其后的两个交易日内，K 线分别以阳线和阴线报收，阳线恰好被夹在两根阴线之间，并且收盘价与其后一根阴线的开盘价相近。由此可见，这三根阴线构成了空方炮形态。

在股价疑似见顶后横盘的位置形成空方炮，可能是市场推动力不足，股价即将转入下跌的表现。尽管此时股价还未产生明显的下跌，但大多数短线投资者都已经在前期的快速上涨中获益了，此时卖出也能够保全一部分收益，不至于空手而归。

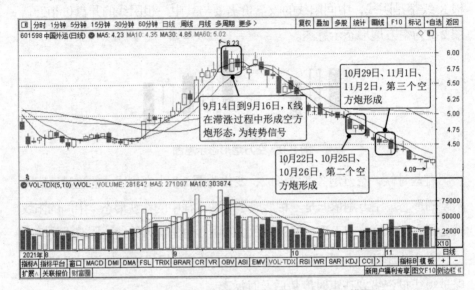

图 2-10　中国外运 2021 年 7 月至 11 月的 K 线图

在往后的一段时间内，股价直到 9 月下旬才彻底跌破 5.75 元的支撑线，转入下跌之中，破位形势明确，卖出信号更加强烈了。

10 月 22 日、10 月 25 日、10 月 26 日，K 线再次形成了空方炮形态，但 K 线实体普遍较小，形态并不算标准，不过也传递出了买方反弹失败的信号。10 月 29 日、11 月 1 日、11 月 2 日，空方炮再现，依旧是形成于下跌过程中，接连向投资者发出了强烈的下跌预警。

## 2.1.6　看跌吞没线

看跌吞没线的关键研判点在于最后一根阴线上，这与前面介绍的高台跳水有些类似。该形态的最后一根阴线需要实体较长，或者影线较长，能够向前覆盖住一根及以上的 K 线。注意，这里的覆盖是完全覆盖，包括上下影线。图 2-11 为看跌吞没线形态示意图。

图 2-11　看跌吞没线形态示意图

看跌吞没线可以吞没的 K 线不限数量，也不限阴阳，越多越能体现出形态的看跌信号。从最后一根阴线的状态也可以看出，它是股价在以高价开盘后上攻失败，转入持续且快速的下跌后形成的。

因此，在其形成之后，股价延续其趋势继续下行，并对前期横盘区间下边线形成破位的可能性还是比较大的，短线投资者最好提前出局，避开后续的下跌。

下面通过一个案例来解析。

**实例分析**

**永吉股份（603058）看跌吞没线破位形态解析**

图 2-12 为永吉股份 2020 年 5 月至 8 月的 K 线图。

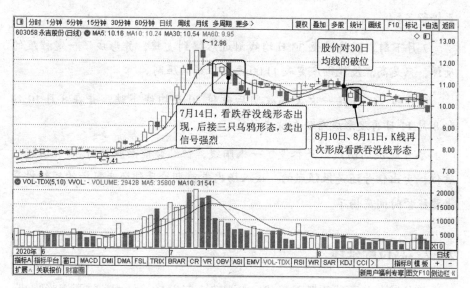

图 2-12　永吉股份 2020 年 5 月至 8 月的 K 线图

从图 2-12 中可以看到，2020 年 6 月，永吉股份的上涨趋势还是十分稳定且快速的，K线大部分时间都在收阳向上攀升，越到后期涨速越快，很快便将股价带到了12.00元价位线以上。

不过，在股价向上接近下一个高点时，却被13.00元价位线拦住了去路。该股在创出12.96元新高的当日就形成冲高回落走势，并无奈收阴下跌，数日后回落到了12.00元价位线以下横盘。

7月14日，股价在以高价开盘后就立即下跌，股价线长期被压制在均价线以下，最终以一根跌幅达到3.58%的阴线报收。当日该股的最低价已经落到了11.25元价位线上，而最高价也只有11.93元。

不过，这根阴线正好能够向前完全吞没一阴一阳两根小实体K线，即便是向前的第三根阴线，也只是差一点儿就能覆盖住，看跌吞没线的形态还是比较标准的。此时，发现了该形态的短线投资者就要作出决定了，不过最好还是以卖出为佳。

从后续的走势可以看到，在看跌吞没线形态形成后的次日，股价就连续收阴下跌，形成了三只乌鸦形态，也完成了对前期低点的破位。看跌吞没线后接三只乌鸦形态，无疑是股价转入下跌的有力证明，惜售的投资者也不能再停留了。

7月下旬，股价跌至30日均线附近后得到支撑，并形成了一定程度的反弹，只是高点没能彻底突破11.00元价位线的压制。

8月初，K线在一次大幅收阴后破位30日均线下跌，并在8月10日和8月11日再度形成看跌吞没线形态。

尽管此次的阴线只是吞没了一根阳线，但结合前面股价对30日均线的破位，卖出信号还是很强烈的。误入场内或前期抢反弹还未离场的短线投资者要抓紧时间离场了。

### 2.1.7　高位顺延线

高位顺延线不比看跌吞没线，它明确由三根K线构成，前两根为阴线，最后一根为阳线。其中，阳线实体较大，股价当日虽是低开，但却能向上收盘，最终收回前两根阴线造成的一半甚至全部的损失。图 2-13 为看跌顺延线形态示意图。

**图 2-13 高位顺延线形态示意图**

高位顺延线的形态看似是多方占优，股价即将转入上涨的积极形态，但当其出现在股价反转后的高位区域，所释放出的信号就不那么友好了。

当股价反转向下时，如果场内有主力参与，那么它们大概率已经或正在出货。但数量庞大的筹码显然无法一次性全部卖出，必定要经过分批散开交易的过程。因此，股价反转后的高位顺延线，就有可能是主力再次拉高出货的手段。

除此之外，场内多方肯定也不甘于就此受损，再加上许多投资者依旧看好个股后市发展，在大批资金注入的辅助下，个股即便没有主力参与，也有可能被这部分力量推动形成高位顺延线。

因此，高位顺延线不仅不代表后市看涨，相反，它正是多方反抗无力，股价在一段时间后可能再次转入下跌的表现。

不过，惜售的短线投资者如果希望再观察一段时间，确定个股未来真的发展无望后再出局，也是可以理解的。但要注意，如果后续股价很快出现了破位下跌的现象，短线投资者也要谨记及时止损的原则，不可盲目惜售，徒增损失。

下面通过一个案例来解析。

**实例分析**
**和邦生物（603077）高位顺延线破位形态解析**

图 2-14 为和邦生物 2021 年 8 月至 11 月的 K 线图。

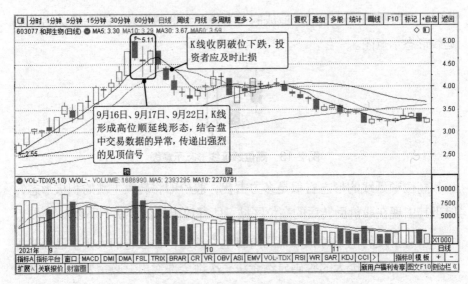

图 2-14　和邦生物 2021 年 8 月至 11 月的 K 线图

从和邦生物的这段走势中可以看出，股价在 2021 年 9 月上旬的上涨非常稳定，K 线与均线几乎呈平行状态向上运行，这意味着这段时间内股价涨势相当强盛。

但在 9 月 16 日，该股在创出 5.11 元的新高后却出现了回落走势，盘中长时间震荡下跌，最终收出了一根跌幅达到 3.13% 的阴线。

同时观察当日的成交量也可以发现，当日量能相较于前一个收阳的交易日还要放大不少，这就说明场内大概率有主力在大批量散出筹码，这才导致股价下跌，量能却出现明显放大的情况。

这一点从当日的分笔交易数据中可以更清晰地看出，图 2-15 为和邦生物 2021 年 9 月 16 日的部分分笔交易数据。

| 09:25 | 5.02 | 227016 | 6277 | 09:30 | 4.98 | 13655 | S 510 |
| 09:30 | 5.02 | 50446 | S 898 | 09:30 | 4.94 | 12204 | S 453 |
| 09:30 | 5.07 | 96340 | B2242 | 09:30 | 5.01 | 23496 | B 423 |
| 09:30 | 5.03 | 82022 | S2073 | 09:30 | 4.98 | 7941 | S 371 |
| 09:30 | 5.04 | 57269 | S1479 | 09:30 | 4.98 | 8949 | S 314 |
| 09:30 | 5.06 | 60977 | B1802 | 09:30 | 4.96 | 18009 | S 342 |
| 09:30 | 5.04 | 25991 | S 939 | 09:30 | 4.96 | 7582 | B 286 |
| 09:30 | 5.05 | 19435 | S 612 | 09:30 | 4.98 | 13019 | B 304 |
| 09:30 | 5.04 | 18967 | S 626 | 09:30 | 4.98 | 10323 | B 271 |
| 09:30 | 5.00 | 35227 | S1400 | 09:30 | 4.99 | 8743 | B 189 |
| 09:30 | 4.98 | 15089 | S 421 | 09:31 | 4.98 | 17621 | S 285 |

图 2-15　和邦生物 2021 年 9 月 16 日的部分分笔交易数据

可以看到，在开盘后不久就有许多数量过万的卖单在进行交易，这些无疑都是主力出货导致的，直接向短线投资者传递出了见顶信号。

---

**拓展知识**　**分笔交易数据中的紫色交易单代表什么**

相信大部分投资者都知道，在分时图中有些交易单会被标注为紫色，这正是交易软件对大单的一种标示。只有当单笔交易手数超过 500 时，才会显示为紫色。而正是由于大单的罕见，这种紫色交易在很多时候也代表着主力的参与。

至于为什么，投资者来算一笔账就明白了。以本案例中展示的大单为例，在图 2-15 中，出现在 9:30 时的最大交易单有 96 340 手，一手 =100 股，交易价格为 5.07 元，那么这一笔的交易资金量就达到了 48 844 380.00 元，即便忽略了交易手续费，这样的大额资金也不是普通散户能够拿出来的。更何况，这样的大单并不止这一单。由此可见，"紫色大单 = 主力参与"这样的说法并非空穴来风。

当然，并不是所有的紫色大单都是主力挂出的，很多交易机构或实力雄厚的个人投资者都有可能挂出这样的交易单，只是主力的可能性要高一些。

---

9 月 17 日，股价依旧收阴下跌，只是实体要小很多，当日量能依旧较大。9 月 22 日，股价低开后快速下跌，但在几分钟后就得到支撑，随后转而向上运行，最终收出一根涨幅达到了 5.03% 的阳线。

单纯地将近期三根 K 线结合观察，可以发现它们形成了高位顺延线的形态，它传递出了看跌信号。

若观察 9 月 22 日盘中的交易情况和股价走势，也能够看出一些端倪。开盘后快速下跌的状态本就不属于股价的正常运行状况，投资者基本上可以将其认定为主力大量卖出筹码导致的。

而后续股价反转向上的走势，在正常情况下也同样不应该在急速下跌后出现。这就很有可能是主力在发现股价跌势过猛后，为保证剩余筹码的收益，出手将其向上推涨形成的。

因此，此处的高位顺延线形态传递出的见顶信号就非常明确了。已经看清形势的投资者此时就应当迅速借高卖出，而尚未分析出这些信息的投资者，在发现股价后续出现下跌破位形态后，也要及时撤离。

## 2.2 筑顶 K 线短线破位形态

筑顶 K 线形态指的是构筑时间较长，并且全都形成于行情或阶段高位，预示着见顶反转的 K 线形态。这类形态具有很明显的特征，比较容易辨别，但由于其构筑时间偏长，短线投资者更需要仔细研究，争取在形成构筑形态之前、股价跌幅尚且不大时提前出局。

### 2.2.1 倒 V 形顶

倒 V 形顶也被称为尖顶，是一种反转速度较快的筑顶形态。它是股价在短时间内急涨后再急跌形成的，股价在顶部不会停留太长时间，最多数日后就会反转向下，进而形成一种尖锐的锥形。图 2-16 为倒 V 形顶形态示意图。

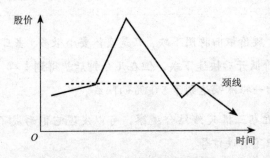

**图 2-16 倒 V 形顶形态示意图**

从图 2-16 中可以看到，倒 V 形顶拥有一条颈线，这也是大部分筑顶形态都具有的关键支撑线。倒 V 形顶的颈线是在股价刚开始展现出急涨的位置，以此为基点作的水平线，是未来判断趋势转向的关键。

也就是说，当未来股价下跌并彻底跌破该支撑线，形成技术形态破位后，倒 V 形顶才算真正成立，此时的反转信号也会更加可靠。

但如果短线投资者一直等到颈线被跌破才出局，就有可能将前期收益挥霍一空，甚至一些高位入场的投资者还会面临较大的损失。因此，短线投资者只要有一定的把握，就可以在倒 V 形顶反转的初始位置果断卖出，就算踏空了后市行情，也比面临损失要好。

下面通过一个案例来解析。

**实例分析**

## 亨迪药业（301211）倒 V 形顶破位形态解析

图 2-17 为亨迪药业 2022 年 10 月至 2023 年 2 月的 K 线图。

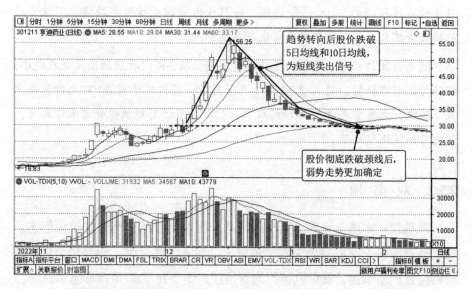

图 2-17　亨迪药业 2022 年 10 月至 2023 年 2 月的 K 线图

在亨迪药业的这段走势中，股价的涨跌变化十分明显。2022 年 11 月，股价上涨至 30.00 元价位线附近时曾受到过一次阻碍，导致价格回落，市场整理了一段时间后才再次上涨。

11 月底，该股向上接近该压力线后再次受阻，不过 K 线在其下方横盘数日后，终究还是以一根大阳线成功向上突破到了更高的位置，同时也预示着下一波拉升的到来。

在此之后，股价的涨速大大加快，期间甚至还出现了一次向上跳空。在经历了一系列震荡后，该股最终于 12 月中旬来到了 55.00 元价位线上方，短时间内的涨幅相当可观，趁机建仓的短线投资者不在少数。

不过，就在该股创新高的第二天，价格就有所回落，呈现出上冲无力的状态，再往后就是连续的收阴下跌了。尽管此时并未形成明显的看跌形态，但短线投资者凭借着股价对 5 日均线和 10 日均线的破位，也能判断出短期的下跌趋势，谨慎一些的投资者为了保住收益，还是会果断离场的。

在后续的交易日中，股价持续下跌，在接触到 30 日均线后依旧将其跌破。此时，倒 V 形顶的雏形已经十分明显了，而该形态的颈线，无疑就是前期对股价造成过阻碍的 30.00 元价位线。一旦股价将该支撑线也跌破，不仅市场的损失会扩大，未来的弱势走势也基本能够确定。

随着时间的推移，股价的下跌速度逐渐放缓，K 线收阴的幅度也在减小，但跌势依旧在持续。进入 2023 年 1 月下旬后，股价终于对 30.00 元价位线完成了破位，也宣告着倒 V 形顶的成立。此时，若还有短线投资者未能离场，损失可能就比较大了。

## 2.2.2 双重顶

双重顶从本质上来看，其实就是两个倒 V 形顶组合而成的筑顶形态。股价经过两轮上涨后突破失败，最终才会转入下跌之中，只要两个顶峰的价格位置相差不远，就可以被称为双重顶。图 2-18 为双重顶形态示意图。

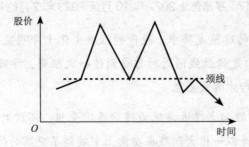

**图 2-18　双重顶形态示意图**

双重顶的构筑时间要比倒 V 形顶稍长，判断起来也不是那么容易。但当第二顶形成后，机警的投资者还是有机会发现筑顶端倪的，毕竟多数双重顶的形成与主力二次推高出货有关，只要投资者能够从交易数据、分时走势等方面的异常中分析出一些信息，就可以在股价彻底下跌之前完成脱身。

　　注意，双重顶也是有颈线的，就是股价第一波上涨受阻后回落受到支撑的位置。如果股价未来对这条支撑线形成破位，那么双重顶的形态就能够彻底成立，那时也是短线投资者最后的卖出机会。

　　下面通过一个案例来解析。

**实例分析**

### 歌华有线（600037）双重顶破位形态解析

　　图 2-19 为歌华有线 2020 年 5 月至 10 月的 K 线图。

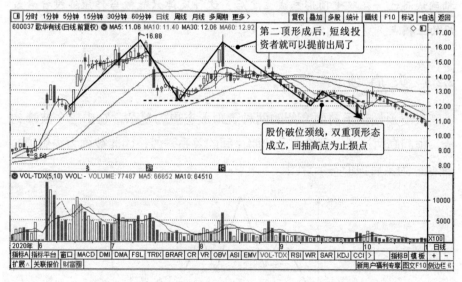

图 2-19　歌华有线 2020 年 5 月至 10 月的 K 线图

　　从图 2-19 中可以看到，歌华有线在 2020 年 6 月处于上涨阶段中，虽然上涨趋势的稳定程度不高，但上涨速度却不慢。

　　7 月初，该股在 16.00 元价位线附近受阻后，明显减缓了上攻速度，在数次上攻失败后，最终还是大幅收阴，进入下跌之中。不过上攻期间股价还是短暂地突破到了 16.00 元价位线以上。

　　7 月中旬，该股跌至 60 日均线附近才止跌，低点位于 12.50 元价位线附近。在此之后，价格迅速回升，短时间内就再次来到了 16.00 元价位线附近，不过前期的压力线此时依然起着作用，股价在小幅跃过该价位线后依旧转而下跌。

此时，细心的投资者已经发现了双重顶形态的雏形，毕竟第一顶、第二顶和波谷都已经出现，差的只是股价对颈线的破位了，再加上股价突破前期高点失败，在此处卖出也不算太过激进。

从后续的走势可以看到，股价在回落到 14.00 元价位线附近后横盘了一段时间，在 8 月底再度下跌，并于 9 月上旬跌破了 12.50 元的颈线，完成了破位。后续股价虽然有所反弹，但从其反弹幅度可以看出，这只是一次回抽确认而已。在双重顶形态成立之后，这种反弹只能被当作短线投资者最后的止损点。

### 2.2.3 头肩顶

头肩顶相较于前面介绍的两种筑顶形态更为复杂，它由三个波峰构成，中间高两边低，就像头和肩膀之间的关系一般，因此被称为头肩顶。图 2-20 为头肩顶形态示意图。

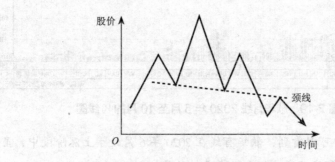

图 2-20　头肩顶形态示意图

头肩顶也是有颈线的，但由于其有两个波谷，因此，它的颈线是由两个低点连接并延伸而成的。在很多时候，头肩顶的颈线并不是水平的，它可以向上倾斜，也可以向下倾斜，对于形态的成立依旧具有关键的研判作用，短线投资者需要格外关注。

头肩顶的构筑时间与双重顶相差不大，短线投资者的应对策略依旧是能提前撤离就提前撤离，如果一时没能判断出筑顶形态，也要在股价破位颈线时及时反应过来，迅速止损卖出。

下面通过一个案例来解析。

**实例分析**

### 美迪西（688202）头肩顶破位形态解析

图 2-21 为美迪西 2021 年 7 月至 12 月的 K 线图。

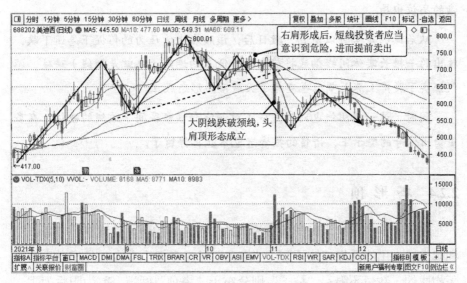

图 2-21　美迪西 2021 年 7 月至 12 月的 K 线图

在美迪西的这段走势中，2021 年 8 月股价还在积极上涨，虽然上涨过程中有所震荡，不过从均线组合的状态来看，其涨势还是趋于稳定的。

直到 8 月底，股价才在 700.00 元价位线附近受阻并回调。在调整了数日后，股价踩在 30 日均线上继续上升，很快便来到了接近 800.00 元价位线的位置。

显然，该价位线有着比较强劲的压制力，股价在此位置反复震荡，几乎每根横盘的 K 线都带有明显的上影线。这说明股价几乎每个交易日都在试图向上突破，但在多次尝试失败后，市场颓势渐显，股价最终在创出800.01元的新高后拐头向下，再次跌落。

此次下跌持续时间与前期回调时间相差无几，但股价得到支撑的位置更高了，低点落在650.00元价位线附近。在此之后，股价反攻上涨，只是前期压力线却从800.00元下移到750.00元，该股在750.00元价位线附近滞涨只能维持横盘。

此时，头肩顶的左肩、头部、右肩和两个低点都已经出现，即便右肩处还在横盘，但上涨的可能性已经不大，谨慎一些的投资者此时就应当借助横盘的高位出局。

从后续的走势可以看到，数日后，该股在上方压力的催促下急速下跌，收出的一根长实体阴线彻底将前期两个低点的连线（也就是颈线）跌破，不仅证实了股价上涨无望，也宣告了头肩顶的形态成立。

同时，这一根阴线也同步完成了对颈线和横盘区间下边线的破位，在多重卖出信号的警示下，惜售的投资者也不能再停留了。

### 2.2.4 塔 形 顶

塔形顶是一种构筑时间偏短的筑顶形态，它的研判关键在于"塔顶"和起支撑作用的两根"柱子"。"塔顶"是由多根小实体 K 线横盘小幅震荡构成的，数量不限；"柱子"则分布于"塔顶"两端，前为阳后为阴，实体相较于"塔顶"来说更长。图2-22为塔形顶形态示意图。

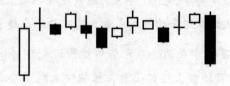

图 2-22　塔形顶形态示意图

虽然塔形顶并未规定构筑时间和小 K 线的数量，但显然，"塔顶"越宽，形态的研判价值就越高。同时，"柱子"的实体越长，对形态的有效性也是有一定提升作用的。

塔形顶意味着股价在上涨到一定位置后出现了滞涨，上方存在较大的压制力，小 K 线的上影线越长，越能证实这一点。若成交量不能提供充足的支撑，未来股价变盘后转入下跌的可能性就很大。

而单独来看后面那根长实体阴线能够发现，其实它就是高台跳水的形态，同时也是塔形顶成立、下跌开启的标志。无论个股在后续会进入深度回调还是下跌行情，对于短线投资者来说都不是好消息。

因此，谨慎型投资者尽量在"塔顶"构筑过程中就撤离，惜售的投资者在发现阴线开启下跌后也要尽快出局。

下面通过一个案例来解析。

### 实例分析

### 拓尔思（300229）塔形顶破位形态解析

图 2-23 为拓尔思 2020 年 5 月至 8 月的 K 线图。

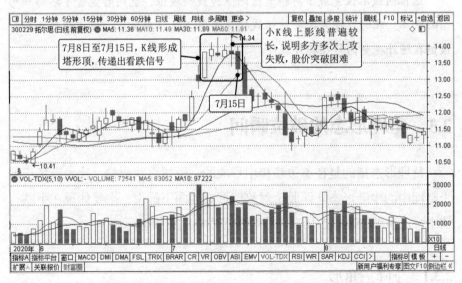

图 2-23　拓尔思 2020 年 5 月至 8 月的 K 线图

从拓尔思的走势中可以看到，该股其实从长期来看并未表现出明显的趋势性，因为 30 日均线和 60 日均线这两条代表着中长期趋势的均线基本是走平的。因此，该股其实是处于震荡行情中的，但对于短线投资者来说，并没有太大的影响。

7 月初，该股开始大幅收阳上涨，突破了前期横盘区间的上边线，进入了一次大幅震荡的过程中。由于短线投资者已经判断出了当前的震荡行情，因此，当股价在 7 月 8 日收出大阳线后长期滞涨时，短线投资者就应该明白，此次上涨估计到顶部了。

从小 K 线的技术形态中也可以看出，在横盘过程中，几乎每一根小 K 线都带有较长的上影线，这种上影线一般是股价冲高后回落形成的，更加证实了短线投资者对股价见顶的判断。因此，谨慎型投资者最好在此时就出局，保住前期收益。

7 月 15 日，股价开盘后依旧有过上冲，但很快又被压制向下。此次下跌的幅度就比较大了，股价一路跌至 13.16 元才止跌小幅回升，最终以 3.35% 的跌幅收出了一根实体远大于前期小 K 线的阴线。

这根阴线不仅完成了对横盘区间下边线的破位，也同时宣告了塔形顶形态的成立。此时，还未离场的短线投资者要迅速作出反应，该止损的止损，该留在场外观望的留在场外观望。

## 2.3　整理形态的破位瞬间

整理形态指的是在单边趋势中形成的、暂缓涨跌走势、代表市场正处于整理中的中继形态。而股价对整理形态的向下破位，主要体现在下跌行情中，这种破位也是市场向短线投资者发出的止损警示。

### 2.3.1　下降三角形

下降三角形是常形成于下跌行情中的整理形态，在形态构筑过程中，股价的低点会维持在相近的位置，呈现水平运行，高点则渐次下移，呈现出斜线下行。将低点与低点、高点与高点分别相连，就能得到一个类似于直角三角形的形态。图 2-24 为下降三角形形态示意图。

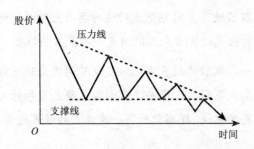

图 2-24　下降三角形形态示意图

下降三角形之所以会形成，主要还是因为卖盘压力过大，股价想要反弹却被长期压制，导致反弹高度越来越低，最终转入下跌。由此可见，如果下降三角形的初始反弹高度就不高，短线投资者在其中抢反弹能够获得的收益也就不会太多。

因此，若短线投资者在抢过几次反弹后发现上涨幅度越来越小，低点却横向移动，形成疑似下降三角形的形态后，就要作出决策了，是继续借助形态买卖，还是先行离场观望，可根据自身的风险承受能力而定。

不过，当股价彻底跌破下降三角形下边线，完成技术形态破位后，短线投资者就不应该再继续持有了。

下面通过一个案例来解析。

**实例分析**

**保利发展（600048）下降三角形破位形态解析**

图 2-25 为保利发展 2022 年 11 月至 2023 年 3 月的 K 线图。

从图 2-25 中可以看到，保利发展在 2022 年 12 月还处于明显的下跌状态之中，直到落在 15.00 元价位线附近才得到一定的支撑，转而向上反弹。

从 K 线的状态就可以得知，此次市场的反弹还是比较积极的，股价在短短数日内就上涨到了 16.50 元价位线附近，短期涨幅可观。不少短线投资者参与其中，并得到不错的收益。

在 16.50 元价位线处受阻后不久，股价就回归到了下跌之中。不过在 2023 年 2 月初，股价跌落至前期低点附近时再次止跌并反弹，尽管反弹高度远不如前期，但对短线投资者来说依旧是一次获益的机会。

不仅如此，一些机敏的投资者已经发现了两次止跌反弹的特殊之处，那就是低点横移，高点下移，股价整体有形成下降三角形的可能。那么，短线投资者就要引起高度重视，观察股价下一次低点的位置能否再次落在 15.00 元的支撑线上。

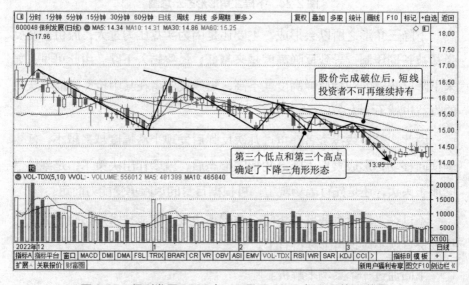

图 2-25　保利发展 2022 年 11 月至 2023 年 3 月的 K 线图

继续来看后面的走势。2 月下旬，股价果然再次在 15.00 元价位线上止跌并反弹，并且反弹高点也正好处于前两次高点的连线上。此时，下降三角形的形态已经非常明朗了，三个低点和三个高点已经能够将形态确定下来。并且从反弹高度来看，后续该股已经不能提供更好的获益机会，那么短线投资者还是以出局观望为佳。

在此之后，该股又进行了一段时间的震荡，最终于 3 月初彻底跌破下降三角形的支撑线，完成了破位，这向短线投资者发出了最后的止损信号。

### 2.3.2　等腰三角形

等腰三角形其实与前面介绍的下降三角形只在低点的走势上有区别，等腰三角形的低点会伴随着趋势的发展而向上移动，高点则依旧保持下移，形态向中间收敛，直到股价变盘并跌破下边线，完成整理形态的构筑。图 2-26 为等腰三角形形态示意图。

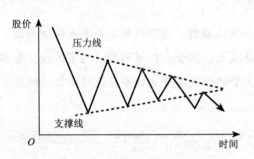

**图 2-26　等腰三角形形态示意图**

这种整理形态其实并不需要完全等腰，也就是说，股价的高点和低点移动的速度不一定要完全一致，只要双边收敛即可。与下降三角形一样，等腰三角形也需要三个高点和三个低点来确认形态的有效性，短线投资者的操作策略也是类似的。

下面通过一个案例来解析。

**实例分析**

### 中国联通（600050）等腰三角形破位形态解析

图 2-27 为中国联通 2020 年 1 月至 6 月的 K 线图。

从中国联通的这段走势中可以看到，股价从 2020 年 1 月底开始出现明显的下跌趋势，也正是此次下跌，带动了整个均线组合向下转向，30 日均线和 60 日均线覆盖在 K 线上方形成压制。

2 月初，该股在 5.00 元价位线附近得到支撑后开始反弹，K 线大幅收阳上涨，反弹速度非常快，短期涨幅相当可观，不少短线投资者都参与其中。

2 月底，该股在 6.00 元价位线附近受阻后回落，在 5.60 元价位线以上横

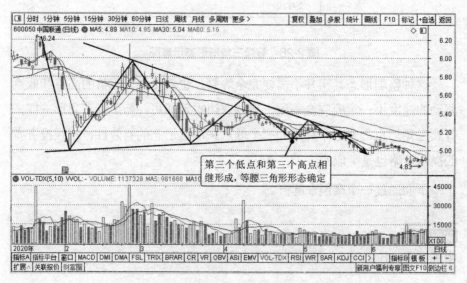

盘一段时间后继续下跌，直至 3 月中旬才在比前期低点稍高的位置止跌，并再次形成反弹。

第二次反弹的高点在 5.60 元价位线附近，涨幅明显有所回缩，但依旧能够为短线投资者带来不少收益。在此之后，股价再度下跌，并于 4 月底在 5.10 元价位线附近止跌并回升。而这一低点，正好处于前两个低点的连线上，确认了一条下边支撑线。

从后续的走势可以看到，该股的第三个高点很快形成，这个高点也处于前面两个高点的连线上，结合已经得到确认的下边线，等腰三角形的形态逐渐明确。那么，机警的短线投资者就要在股价未彻底跌破形态下边线或完成破位时及时出局。

图 2-27　中国联通 2020 年 1 月至 6 月的 K 线图

### 2.3.3　下降矩形

下降矩形很好理解，就是股价在下跌到某一位置时得到支撑，然后反复在某一价格区间内上下震荡，高点和低点都呈水平向前运行的形态。图 2-28 为下降矩形形态示意图。

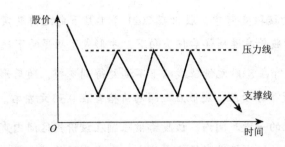

**图 2-28　下降矩形形态示意图**

　　这种矩形是比较常见的整理形态，在各种涨跌、震荡行情中都可能出现。它是多空双方博弈激烈、市场正处于整理的表现，若在单边行情中形成，那么整理结束后，股价继续沿着原有趋势前进的概率比较高。

　　因此，短线投资者若是在下跌行情中发现了该形态，股价在整理期间的震荡幅度又不大，那么就可以先行出局观望，不要等到股价破位下跌后才卖出。

**实例分析**

### 美尔雅（600107）下降矩形破位形态解析

　　图 2-29 为美尔雅 2021 年 1 月至 5 月的 K 线图。

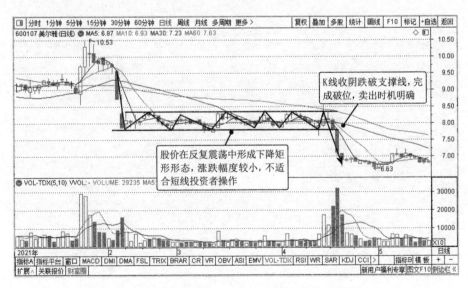

**图 2-29　美尔雅 2021 年 1 月至 5 月的 K 线图**

在美尔雅的这段走势中,股价在 2021 年 1 月下旬之前其实还处于横盘震荡状态,后续股价急速反弹后拐头向下,才形成了明显的下跌走势。

2 月初,股价在 8.00 元价位线以下不远处得到支撑,随后形成的反弹则在 8.50 元价位线下方受阻,高低点之间的价格差在 0.50 元左右。

在此后较长的一段时间内,该股都被限制在该价格区间内震荡,在涨跌幅较小的情况下,短线投资者很难在其中赚取丰厚的收益。因此,在发现下降矩形形态形成,并且短时间内不会结束的情况下,短线投资者还是以出局为佳,留在场外观望更加安全。

从后续的走势可以看到,下降矩形一直延续到了 4 月中旬,才在 K 线大幅收阴的走势下被跌破。此时,行情继续向下运行的趋势已经明确,还在场内的投资者要抓住出局时机。

第 3 章

# 短期均线破位技术解析

　　均线支撑破位也是破位技术中的关键构成部分，这来源于均线与股价之间的密切联系，以及均线对于技术研判的重要性。由于时间周期的可调性，均线对各种类型的投资者来说都十分实用。因此，学习均线的破位技术，对于短线投资者寻找止损点是很有助益的。

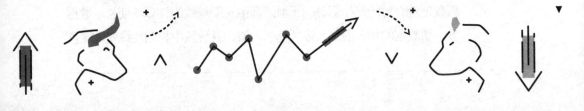

# 3.1 特殊均线破位形态止损

一般来说，投资者都是以均线组合的形式来使用均线的，这一点在第 2 章中已经有所体现了。常用的均线组合有 3 日均线、5 日均线、10 日均线和 20 日均线；5 日均线、10 日均线、20 日均线和 40 日均线；5 日均线、10 日均线、30 日均线和 60 日均线等。

虽然短线投资者的持仓时间普遍较短，但依旧不能使用时间周期太短的均线，毕竟时间周期越短的均线，研判的有效性就越低。因此，本节就选用最为常用的 5 日均线、10 日均线、30 日均线和 60 日均线组合来对均线产生的一些特殊破位形态进行解析，帮助投资者寻找卖点。

## 3.1.1 死亡交叉

均线的特殊形态一般是由均线组合中的多条均线互相穿插、交错形成的，死亡交叉就是其中的典型。它指的是短期均线自上而下跌破中长期均线的形态。图 3-1 为死亡交叉形态示意图。

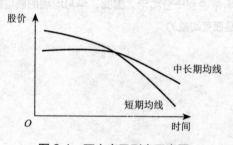

图 3-1 死亡交叉形态示意图

由此也可以看出，死亡交叉是均线自身形成的破位形态，其形成原因可以从两方面来分析。

- ◆ 原理：造成短期均线跌速快于中长期均线的原因在于当股价下跌时，新数据的加入会对计算基期较短的均线产生较大的影响，计算得出的新数据就有可能产生明显的下滑。而中长期均线的计算基期长，数据多，新数据的加入很难大幅拉动平均值，就导致中长期均线变动速度不如短期均线。那么当股价产生下跌时，短期均线就会下穿中长期均线，形成死亡交叉形态。

◆ 市场成本变动：短期均线和中长期均线分别代表着不同持股周期投资者的持股成本。当某段时间股价下跌时，持股周期越短的投资者，建仓成本下降的速度就越快，再加上投资者的预期也在下滑，资金不断撤离，使得短期均线下滑速度较快；同理，中长期均线在中长线投资者相对稳定的资金和成本支撑下，就不会轻易产生滑坡式的下跌，那么被跌速较快的短期均线破位，就显得顺理成章了。

由于均线组合中的均线不止一条，死亡交叉形态也不止一个，因此，无论两条均线之间的时间周期差异怎样，只要能够产生这种向下的破位，形成的交叉就被称为死亡交叉。

举个简单的例子，5 日均线向下破位 10 日均线，是死亡交叉；30 日均线向下破位 60 日均线，也是死亡交叉；5 日均线向下破位 60 日均线，同样是死亡交叉。

因此，短线投资者就可以根据均线组合中死亡交叉形成的个数，结合股价的走势来判断当前形势如何。如果超过了自己的风险承受范围，就要及时择机止损出局。

下面通过一个案例来解析。

**实例分析**

### 宝明科技（002992）死亡交叉止损信号分析

图 3-2 为宝明科技 2022 年 10 月至 2023 年 2 月的 K 线图。

图 3-2 中展示的是宝明科技的一段完整的涨跌周期，2022 年 11 月，该股的涨势可谓相当强劲，不仅 K 线大部分时间都在收阳上涨，均线组合也呈现出了积极的多头排列配合上扬，大量短线投资者伺机而动，趁机建仓，以期盈利。

11 月底，该股在 70.00 元价位线上受阻后小幅回落，数日后再次发起的冲击依旧没能彻底将该压力线突破，再加上成交量相较于前期的回缩，该股的这一波上涨可能即将或已经到头，要引起短线投资者注意。

果然，在股价再次上冲并创出新高的当日和次日，K线都收出了阴线。在随后的数日内，股价虽然没有大幅下跌，但颓势已显。与此同时，5日均线也向下跌破了10日均线，形成了近期的第一个死亡交叉，向短线投资者传递出了短期看跌的信号。此时，谨慎型投资者就要准备出局了。

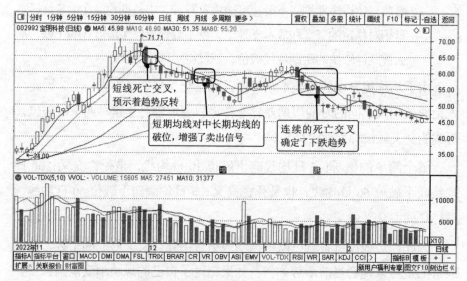

图3-2 宝明科技2022年10月至2023年2月的K线图

继续来看后面的走势。在第一个均线死亡交叉形成后，股价继续下行，跌势稳定。5日均线和10日均线在其带动下持续向下，在12月中旬先后跌破30日均线，形成两个死亡交叉。

这样的死亡交叉释放出的卖出信号更加强烈，毕竟股价已经跌到了60.00元价位线以下，短期跌幅不算小，资金已经受损或即将受损的短线投资者还应以及时出局为佳。

好消息是，股价在跌至50.00元价位线上时就有了反弹的迹象，给被套的短线投资者带来了逆风翻盘的希望。进入2023年1月后，该股已经上涨到了接近65.00元价位线的位置，但此时的股价也已经呈现出了明显的滞涨，数日之后就回归了下跌。

此次股价的下跌速度加快了不少，也就在这段下跌的短短数日内，原本受到股价反弹带动上扬的 5 日均线和 10 日均线再次拐头向下。不仅如此，整个均线组合都受到了影响，在数日内就接连形成了多个死亡交叉。这对于短线投资者来说无疑是一种强烈的示警，无论是解套的还是抢反弹的投资者，此时都不应当停留了。

### 3.1.2　断头铡刀

断头铡刀是均线组合与 K 线共同构筑而成的破位形态，其中，"铡刀"指的是一根自上而下贯穿整个均线组合的长实体阴线，它也是整个形态研判的关键。图 3-3 为断头铡刀形态示意图。

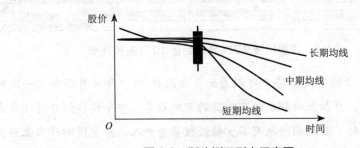

图 3-3　断头铡刀形态示意图

从图 3-3 中就可以看出，均线组合在"铡刀"形成之前是处于黏合状态的，这样才能被一根阴线全部破位。也就是说，股价在此期间大概率是在横盘震荡，最后的"铡刀"其实就是一次高台跳水，破位的不仅是均线组合，也是横盘期间的下边线。

因此，对于短线投资者来说，断头铡刀就是一个非常明确的出局信号，无论投资者是因为操作失误还是抢反弹入场，都应当在断头铡刀处止损出局。

下面通过一个案例来解析。

**实例分析**

**津膜科技（300334）断头铡刀止损信号分析**

图 3-4 为津膜科技 2022 年 7 月至 10 月的 K 线图。

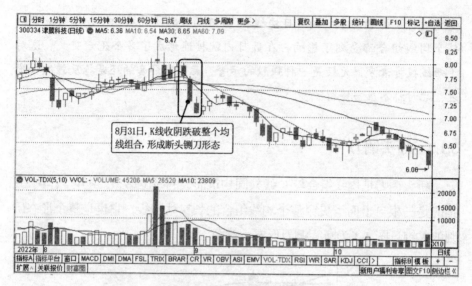

8月31日，K线收阴跌破整个均线组合，形成断头铡刀形态

图3-4　津膜科技2022年7月至10月的K线图

从津膜科技的这段走势中可以看到，该股在2022年8月形成了一次幅度不大的上涨，再加上前期也没有明显的涨跌趋势，整个均线组合就逐步走平并聚拢在一起。在此期间也有不少短线投资者介入，希望借助此次上涨获取一定的收益。

8月下旬，该股以一根带长上影线的阴线向上接近了8.50元，相较于前期7.25元的上涨起始点，整段涨幅对于短线投资者来说已经是比较不错的收益了。

不过，就在股价创新高的次日，K线收出长实体阴线下跌，说明此次上涨可能已经见顶，短线投资者要注意谨慎操作。

股价在均线组合的支撑下横盘数日后，8月31日股价低开后持续低走，盘中呈现出了明显的颓势，最终以6.06%的跌幅收出了一根大阴线。在K线图中观察可以发现，这根大阴线自上而下完全贯穿了整个均线组合，形成了断头铡刀形态。

不仅如此，这根大阴线也几乎破位了前期低点，将股价带到了低位，进一步传递出了上涨趋势转向、下跌即将到来的信号。此时，还未离场的短线投资者要抓紧时间出局了。

### 3.1.3　九阴白骨爪

九阴白骨爪形态中的"爪"指的是均线组合由聚拢转为向下发散时，形成的形似爪子状的形态。

单从均线组合的状态来看，九阴白骨爪与断头铡刀还是比较相似的，只是当其形成时，股价却并未形成大阴线破位，而是呈现出绵绵阴跌的走势，缓慢而稳定地向下运行。图 3-5 为九阴白骨爪形态示意图。

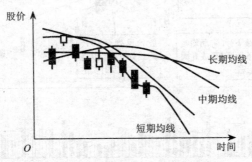

图 3-5　九阴白骨爪形态示意图

九阴白骨爪形成之前，股价也是有可能处于横盘状态的。因此，该形态的破位除了均线支撑破位以外，也有可能包含技术形态破位，这一点与前面的断头铡刀有相似之处。

那么短线投资者的应对策略又应该如何呢？主要取决于九阴白骨爪构筑过程中的两个关键节点。

第一个节点就是股价出现明显下跌趋势的位置，要知道，均线是依托于股价计算出来的，所以，它必定会有一定程度的滞后，只有当股价产生下跌后，均线才会开始转向。因此，股价开始下跌的位置就是一个谨慎型卖点，适用于部分风险承受能力较弱的投资者。

第二个节点则是均线组合开始向下张开"爪子"的位置，这时的股价可能已经有了程度不小的下跌，再加上均线组合的发散，更加证实了后市的弱势走向。此时即便是惜售型的短线投资者，也应以止损出局为佳。

下面通过一个案例来解析。

**实例分析**

## 太平鸟（603877）九阴白骨爪止损信号分析

图3-6为太平鸟2021年7月至10月的K线图。

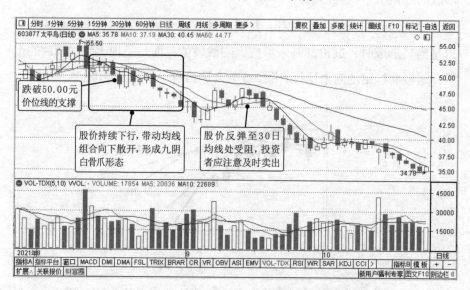

图3-6　太平鸟2021年7月至10月的K线图

在太平鸟的这段走势中，股价是从震荡转向下跌的，那么在转向的过程中就有可能形成特殊的破位信号来提醒投资者止损。

8月上旬，这种信号就初显端倪了。在创出55.50元的阶段新高后，K线收出了一根长实体阴线，向下接触到了50.00元价位线。随后，该股就在该价位线附近横盘了数日，期间的震荡幅度比较小，整体也没有呈现出继续上涨的趋势，那么未来股价走弱的可能性就很大了。

8月中旬，该股以一根小幅高开后整体低走的阴线跌破了50.00元价位线的支撑，形成了一次明显的技术形态破位。结合前面对股价转势的判断，谨慎型短线投资者就要在此处及时出局了。

此时的均线组合还未呈现出明显的向下发散，但随着时间的推移，股价在更低的位置小幅波动，K线再度收阴形成破位时，均线组合的发散形态就逐步变得清晰起来，九阴白骨爪的形态也展露无遗，这向惜售型投资者传递出明确的危险信号。

此时可能依旧有部分投资者不甘于离场，因此，滞留在场内等待下一波反弹。幸运的是，该股在后续确实形成了一次反弹，但反弹高点都没能接近30 日均线。不过这依旧是一次解套的机会，短线投资者不能再继续等了，毕竟从股价反弹的状态来看，后市出现更大幅度的上涨是非常困难的。

## 3.1.4　死亡谷

死亡谷是基于死亡交叉形成的一种进阶形态，它是由短期均线下穿中期均线，带动中期均线一起下穿长期均线后，形成的一个尖角向下的不规则三边形。图 3-7 为死亡谷形态示意图。

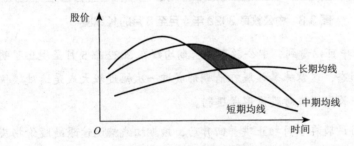

图 3-7　死亡谷形态示意图

死亡谷的构筑只需要三条均线就可以完成，并且也只需要三条均线。均线之间的时间周期差异都是相对的，不是说短期均线就一定要是 5 日均线，中期均线就一定要是 30 日均线，长期均线一定要是 60 日均线，只要三条均线按照规律形成交叉，就可以认定为死亡谷形态。

构成死亡谷形态的均线时间周期越长，死亡谷就越大，传递的危险信号也就越强烈，此时短线投资者应及时出局，否则可能遭受更大的损失。

下面通过一个案例来解析。

**实例分析**
**中公教育（002607）死亡谷止损信号分析**

图 3-8 为中公教育 2022 年 4 月至 8 月的 K 线图。

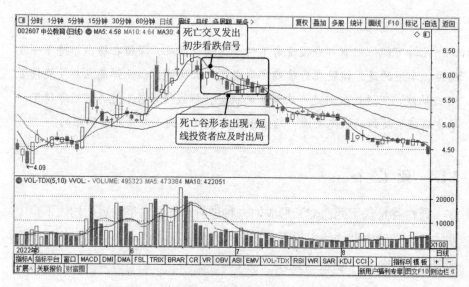

图3-8 中公教育2022年4月至8月的K线图

从图3-8中可以看到，中公教育的长期均线在2022年5月呈现出了明显的下跌覆盖形态，这意味着该股在前期形成过一次幅度较大或是速度较快的下跌，导致中长期均线对股价形成压制。

不过，当该股在5月初止跌并回升后，短期均线就迅速跟随股价拐头向上了，中长期均线也在股价持续上涨的带动下，成功于6月初相继转向，形成了配合的上扬。不过60日均线也只是走平，证明股价的涨势并未积极到使它彻底扭转的程度。

事实也确实如此，该股在上涨到6.70元的高位后就出现了滞涨，并在数日后就形成了明显的下跌，带动5日均线迅速向下转向并跌破了10日均线。这个死亡交叉是初步的看跌信号，谨慎型投资者可借助此破位形态出局。

从后续的走势中可以看到，随着股价的持续下跌，5日均线和10日均线向着依旧上行的30日均线靠拢，并最终于7月上旬将其跌破，又形成两个死亡交叉后，死亡谷的形态也已经明确了。

此时，股价已经跌到了5.50元价位线上方，并且在其支撑下形成了一段时间的横盘。尽管股价还未彻底变盘向下，但从死亡谷的形成及30日均线上扬角度的变缓可以明显感觉到，后市股价不太可能走高，那么止损卖出就成了场内投资者比较好的选择了。

### 3.1.5　空头排列

空头排列是在股价向下完成发散后形成的一种特殊排列形态，短期均线在下、中期均线居中、长期均线在上，并且完全没有产生接触和交叉时，空头排列就算形成了。图 3-9 为空头排列形态示意图。

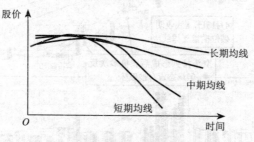

图 3-9　空头排列形态示意图

这种排列方式对股价的跌速要求还是比较严格的，毕竟要让均线组合之间完全不产生交叉，股价的跌速就一定要快且稳，即便产生了反弹，幅度也不能太大，至少不能让短期均线之间有接触。

由此可见，当空头排列形成时，股价就已经转入了快速下跌的过程中，这对于短线投资者来说并不是一个好的卖出点，但用于止损还是可以的。因此，如果短线投资者能够在空头排列形成之初发觉危险，先行撤离，还是有机会保住前期收益的。

下面通过一个案例来解析。

**实例分析**

**电魂网络（603258）空头排列止损信号分析**

图 3-10 为电魂网络 2022 年 2 月至 6 月的 K 线图。

在电魂网络的这段走势中，30 日均线和 60 日均线几乎一直覆盖在 K 线上方形成压制，并且自然形成了 60 日均线在上、30 日均线在下的排列。

2022年3月中旬之前，股价还是处于下跌状态中的，在此期间，5日均线本就居于10日均线之下，加上两条中长期均线的下行，空头排列的形态十分明显。它代表的就是下跌趋势的延续，警示着短线投资者不要轻易参与。

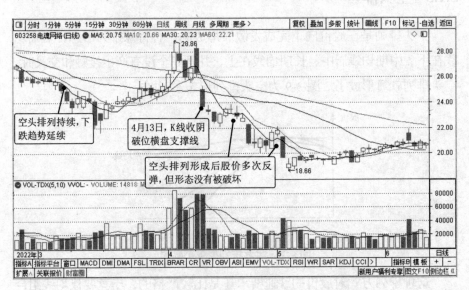

图3-10　电魂网络2022年2月至6月的K线图

继续来看后面的走势。3月中旬，该股在跌至22.00元价位线附近后止跌回弹，开始连续收阳上涨，并且短期涨速还比较快。这说明市场有积极反攻的意愿，即便不能彻底打破下跌趋势，也有机会形成一次幅度较大的反弹，是短线投资者参与的好时机。

3月下旬，股价在接触到30日均线后有所停滞，但数日后就成功将其突破，更加证实了市场反攻的决心。4月初，股价甚至已经突破到了60日均线以上，并创出了28.86元的阶段新高。

但在此之后，价格就再无寸进，而是在28.00元价位线附近反复波动，却始终无法跃过。这意味着此次上涨可能已经见顶，短线投资者能提前出局就尽量出局，观望的投资者也要更加谨慎。

4月13日，该股大幅跳空低开后持续低走，当日收出了一根向下跳空的大阴线，直接破位前期横盘期间下边线，也跌到了整个均线组合之下。与此同时，5日均线和10日均线立即跟随向下转向，随着股价的持续下跌，两条短期均线在相继跌破 30 日均线后，再度与中长期均线一起形成了空头排列，形成明确的止损信号。

尽管在此之后该股有多次反弹，但幅度都非常小，都不能让短期均线之间形成交叉并破坏空头排列，更别说让短线投资者解套甚至盈利了。因此，短线投资者在此处的应对策略还是尽快出局，场外投资者则不要介入。

### 3.1.6 倒挂老鸭头

倒挂老鸭头是一种相对复杂的均线破位形态，它同样需要 K 线和均线共同构筑。当股价从高位跌落，击穿 60 日均线后继续向下，在某一位置得到支撑后反弹，但反弹的高点略低于 60 日均线，形成一个开口后拐头向下继续运行。

此时，倒挂老鸭头的形态已经构筑完成，其中，短期均线跌破 60 日均线的位置被称作鸭脖，随后股价下跌与 60 日均线拉开距离的一片空间为鸭眼睛，反弹后形成的开口则是鸭嘴部。图 3-11 为倒挂老鸭头形态示意图。

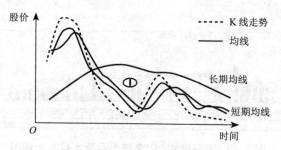

图 3-11 倒挂老鸭头形态示意图

倒挂老鸭头的形态看似复杂，其实就是股价从顶部下跌后形成的一次反弹，只是其中包含了一些细节而已。

对于短线投资者来说，倒挂老鸭头形态中包含的卖点还是比较多的，首先是股价见顶下跌时，短期均线形成转折；其次是鸭脖处，即 60 日均线被跌破的位置；最后是鸭嘴部形成的位置，该位置同样会形成一个短期均线之间的死亡交叉。

这三个卖点一般来说会一个比一个低,短线投资者的建仓位置不同,能够选择的空间也不同。比如一个建仓位置较低的投资者,就有资本等到第三个卖点形成后再卖出;如果投资者是高位建仓,就不能等到第三个卖点出现后再出局了,如此大的资金损失只为确认一个技术形态是不值得的。

下面通过一个案例来解析。

**实例分析**
### 西子洁能（002534）倒挂老鸭头止损信号分析

图 3-12 为西子洁能 2022 年 1 月至 4 月的 K 线图。

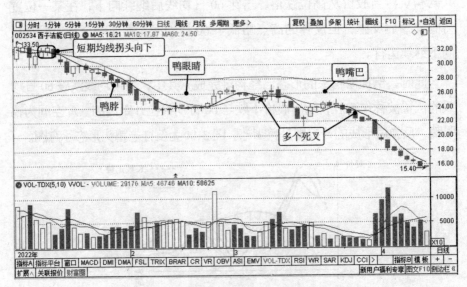

图 3-12　西子洁能 2022 年 1 月至 4 月的 K 线图

从图 3-12 中可以看到,西子洁能长期处于下跌趋势之中,但从 60 日均线的走势可以看到,在 2022 年 1 月以前,股价还是维持了一段时间的上涨,这样 60 日均线才会呈现出上行的趋势。

直到进入 2022 年 1 月后,股价才开始向下转向。1 月上旬,股价跌势逐步明显,5 日均线和 10 日均线拐头向下形成转折,向谨慎型短线投资者传递出了卖出信号。

其后不久，股价和两条短期均线相继跌破了 60 日均线，形成了均线支撑破位。此时的股价已经跌到了 26.00 元价位线附近，此时许多场内短线投资者已经开始亏损了，在发现这一看跌信号后，就要进一步坚定决心止损出局。

一段时间后，股价在 24.00 元价位线附近止跌，横盘近半个月后形成了反弹迹象。但显然，随着 60 日均线的走平，场内的压力越来越大，股价在 26.00 元价位线附近就受阻回落了，并未接触到 60 日均线。

其后一段时间内，虽然股价多次反弹，但都没能超越前期高点，反而越来越向下移动，形成了一个开口。此时倒挂老鸭头的形态已经出现，鸭脖、鸭眼睛和鸭嘴巴都构筑完成，根据前面介绍的应对策略，还未离场的短线投资者就应当在鸭嘴巴的几个死叉处止损卖出，避开后市更大幅度的下跌。

### 3.1.7  加速下跌

加速下跌不仅指的是股价跌速的加快，同时也指均线组合下行角度的加大。与一般下跌过程中股价经过整理后再度下跌的走势不同的是，在加速下跌形成之前，股价已经在下跌了，只是跌速比较缓和。图 3-13 为加速下跌形态示意图。

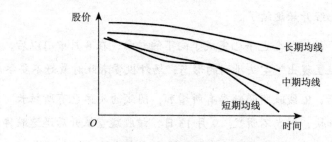

**图 3-13  加速下跌形态示意图**

由此可见，加速下跌主要起到的是对下跌趋势的进一步确认作用，短线投资者本不应该等到此时再卖出，但总有一些惜售的投资者，或是中途误入场内的投资者留到了现在，因此，加速下跌也是一个止损形态。

下面通过一个案例来解析。

**实例分析**

## 药明康德（603259）加速下跌止损信号分析

图 3-14 为药明康德 2022 年 7 月至 10 月的 K 线图。

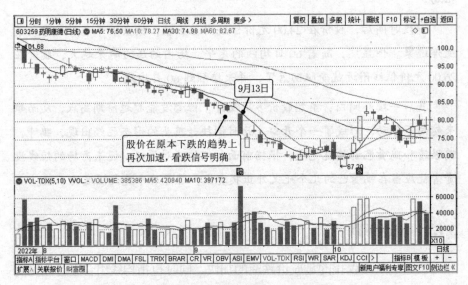

**图 3-14　药明康德 2022 年 7 月至 10 月的 K 线图**

从药明康德的这段走势中可以看到，该股从 2022 年 8 月初就开始下跌了，尽管刚开始的跌速并不快，但通过股价高点不断下移的状态可以判断出下跌趋势已经开始延续了。

与此同时，均线组合也早已完成了向下的转向，在 8 月中旬以后，整个均线组合就已经呈现出了空头排列的形态，场外投资者此时最好不要参与。

进入 9 月后，K 线收阴的频率有所增加，阴线的实体也有所拉长，股价整体跌势稍稍加快，但尚不明显。9 月 13 日，该股跳空低开后迅速跌停，直至收盘都一直维持着封板，最终收出了一根光头光脚的跌停大阴线。

这根阴线无疑大大加快了该股的跌速，均线组合也稍微加大了下行角度，进一步证实了下跌趋势延续的信号。那么，此处的加速下跌就警告着场外投资者暂时不要轻举妄动，场内投资者则应及时撤离。

### 3.1.8 死 蜘 蛛

死蜘蛛指的是短期均线、中期均线和长期均线在股价下跌的带动下，共同交叉于同一点后向下发散的形态，整体形似一只张开腿的蜘蛛。图 3-15 为死蜘蛛形态示意图。

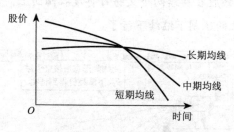

图 3-15　死蜘蛛形态示意图

其实死蜘蛛就是将死亡谷浓缩为一个点而形成的，它的出现可以说是一种巧合，要让多条计算基期、计算数据不同的均线在同一刻得出完全一致的数值何等不易。因此，在实际操作中，绝对标准的死蜘蛛其实是十分罕见的，更多是几条均线处于相近的位置，看起来像交叉于同一点。

注意，死蜘蛛不像死亡谷，它不一定只由三条均线构成。三条均线只是基础，如果整个均线组合都能在某一时刻交叉于同一点后转向下行，那么形态传递出的看跌信号就会更加强烈，此时短线投资者需要快速出局。

下面通过一个案例来解析。

**实例分析**

**德方纳米（300769）死蜘蛛止损信号分析**

图 3-16 为德方纳米 2022 年 7 月至 10 月的 K 线图。

德方纳米在这段走势中呈现出的是由小幅反弹转向下跌的状态，30 日均线的持续下行已经说明，在 2022 年 8 月以前，股价就是处于下跌趋势中的。

尽管进入 8 月后该股有所上涨，但上涨幅度并不大，价格在 400.00 元价位线附近受阻后再次上攻失败，就开始继续收阴下跌了。

就在此次股价连续下跌的过程中，5日均线和10日均线跟随下行，5日均线正好在30日均线和60日均线交叉的位置同时对两条均线形成破位。也就是说，5日均线、30日均线和60日均线共同在此构筑出了死蜘蛛形态。

在股价疑似反弹并见顶下跌后的位置形成死蜘蛛形态，无疑确定了后市的下跌走势。虽然该股在后续两个交易日再度收阳向上，但涨幅有限，很快价格便在60日均线的压制下继续下行了。

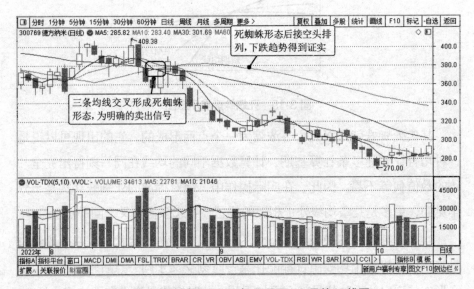

图3-16　德方纳米2022年7月至10月的K线图

在后续的走势中，该股跌速明显加快，并且稳定程度也大大提升。在这种跌势的带动下，均线组合很快形成短期均线在下、中长期均线在上的空头排列，进一步确认了下跌趋势，场内投资者最好及时出局。

## 3.2　利用均线特性短线止损

均线作为投资者最为常用的技术指标之一，除了形成各种具有特殊预示意义的形态之外，还存在一些可供投资者深入分析和使用的特性，包括均线的黏合、交叉、发散、扭转、服从和修复等，本节就来逐一进行解析。

### 3.2.1　均线黏合后向下发散

均线的黏合与发散其实在前面的案例中已经有所提及了，黏合就是指整个均线组合聚拢在一起，甚至出现互相重叠的现象；而发散就是指均线组合之间拉开距离，向某一方向散开的现象。

均线的黏合是不分方向、不分种类的，一般都是走平。但均线的发散会根据股价的涨跌而分为向上发散和向下发散，其含义不难理解。本节需要重点介绍的就是均线向下的发散。

均线黏合后向下发散是受到股价短时间内大幅下跌影响而形成的，前面介绍过的断头铡刀、九阴白骨爪等形态，都属于均线黏合后向下发散的范畴。但这些形态毕竟需要满足各自的细节要求，单纯地寻找均线黏合后向下发散的形态还是比较容易的。图 3-17 为均线黏合后向下发散形态示意图。

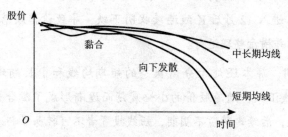

**图 3-17　均线黏合后向下发散形态示意图**

该形态只要满足黏合和向下发散即可，而均线组合的黏合一般是股价横向运行或小幅震荡造成的。对于短线投资者来说，要想在这种走势中获利并不容易，因此，如果投资者误入场内，或是在场内等待机会时发现了股价破位下跌，均线有向下发散的趋势时，就要及时撤离了。

下面通过一个案例来解析。

**实例分析**

**五洲新春（603667）均线黏合后向下发散解析**

图 3-18 为五洲新春 2021 年 11 月至 2022 年 3 月的 K 线图。

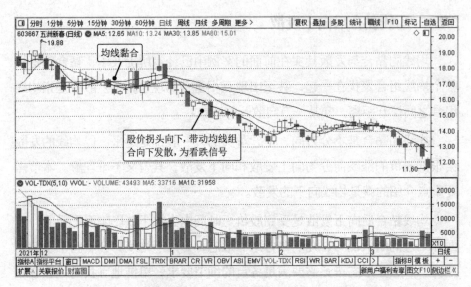

图3-18　五洲新春2021年11月至2022年3月的K线图

从图3-18中可以看到，五洲新春在2021年12月之前还在18.00元价位线以上震荡，进入12月后K线连续收阴下跌，导致价格跌落到了17.00元价位线附近，并横盘整理运行。

在此期间，原本还处于分离状态的短期均线和中长期均线分别向着17.00元价位线汇聚，随着股价的小幅震荡而逐渐形成了黏合走势，四条均线纠缠在一起，后续走势暂不明朗，短线投资者不可轻易参与。

12月底，股价突然加速收阳，小幅突破到了18.00元的横盘区间上边线之上。虽然此次上升并未持续多长时间，但依旧有不少短线投资者认为这是一次反弹的机会，进而介入其中。

不过，市场中的多方动能还不足以支撑股价彻底突破该压力线。数日后，股价就拐头迅速下跌，直接跌破了17.00元支撑线并持续下行，形成技术形态破位，传递出初步的卖出信号。

与此同时，均线组合也受其影响形成了由黏合转为向下发散的走势，四条均线全部完成了转向，整体压制力强劲。这意味着目前市场中大部分的资金都在亏损，尤其是短线投资者。因此，被套的短线投资者就要趁着股价跌幅尚且不大时及时止损出局。

### 3.2.2　均线交叉后向下发散

均线交叉后向下发散其实与均线黏合后向下发散的形态相差不大，都是股价从相对高位快速下跌导致的。只不过，均线组合如果只是形成多次交叉而非黏合，就说明股价当时的震荡幅度较大，无法让均线组合平稳运行。图 3-19 为均线交叉后向下发散形态示意图。

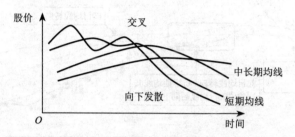

**图 3-19　均线交叉后向下发散形态示意图**

因此，如果短线投资者在均线黏合时还无法找到合适的时机盈利，那么在均线组合形成反复交叉时，就可以趁机低吸高抛，在震荡走势中完成一次或数次短线操盘，以实现盈利。

当然，无论低吸高抛能够赚取的收益有多少，一旦股价表现出明显的持续下跌走势，并且均线组合也开始由交叉转为向下发散时，短线投资者还是以止损为上，不可过久停留。

下面通过一个案例来解析。

**实例分析**

### 孩子王（301078）均线交叉后向下发散解析

图 3-20 为孩子王 2022 年 7 月至 10 月的 K 线图。

从孩子王的这段走势中可以看到，该股在 2022 年 8 月的震荡幅度还是比较大的。在 8 月初时，股价就从 16.00 元价位线附近快速跌落，短短数日就落到了 13.50 元价位线附近，跌幅近 15.63%，短线投资者损失还是比较大的。

随后股价受到 13.50 元价位线的支撑止跌收阳。随着时间的推移，阳线形成得越来越多，涨幅也越来越大，呈现出明显的反弹迹象。在此期间，许多短线投资者受到吸引建仓入场，打算将这一波上涨收入囊中。

8月中旬，股价来到了前期高点附近，在小幅突破16.00元的压力线后滞涨，随后迅速转为下跌，逐步向着前期低点靠近。

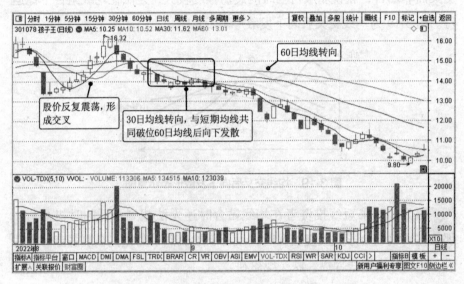

图3-20 孩子王2022年7月至10月的K线图

此时来观察均线组合可以很清晰地看到，在股价反复震荡的过程中，中长期均线基本上是走平的，但短期均线却多次跟随股价形成转折，也与中长期均线形成了多次交叉。

而当股价突破前期高点失败再次下跌时，30日均线就有了明显的转折迹象，与已经下行的短期均线共同形成了初步的向下发散。尽管此时60日均线还未彻底转向，但股价的走势和另外三条均线对它的破位，已经充分说明了未来严峻的形势，短线投资者需要及时止损出局，避免深度被套。

### 3.2.3　均线高位向下扭转

均线的扭转其实就是整个均线组合转向的过程中呈现出的一种特性，具体指的是由K线扭转短期均线，短期均线扭转中期均线，中期均线扭转

长期均线后，向着某一特定方向运行的走势。图 3-21 为均线高位向下扭转
形态示意图。

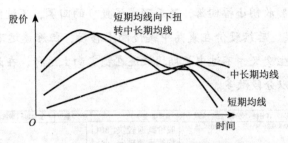

**图 3-21  均线高位向下扭转形态示意图**

均线的扭转依靠的是股价的转向，只有当股价向某一方向形成明显转
折时，新加入均线计算范围内的数据才能有效影响结果数值，导致均线逐
步跟随股价发生转向。

至于为什么是短期均线先转向，相信投资者经过前面的学习已经清楚
了，这里不再赘述。

对于短线投资者来说，一般不会等到 60 日均线被彻底扭转后才卖出，
因为时间周期越长的均线就越稳定，要想将其完全扭转，股价可能已经跌
出了短线投资者承受不起的损失范围内。

因此，很多短线投资者只要等到 30 日均线，甚至 10 日均线发生扭转
时就可以卖出了。或者当 5 日均线和 10 日均线发生扭转，30 日均线走平，
这时也是一个不错的卖出时机。

下面通过一个案例来解析。

**实例分析**
**陇神戎发（300534）均线高位向下扭转解析**

图 3-22 为陇神戎发 2022 年 2 月至 5 月的 K 线图。

在陇神戎发的这段走势中，股价涨跌趋势的转变还是比较明显的。从
图 3-22 中可以看到，在 2022 年 3 月初，股价上涨速度非常可观，短短两个
交易日，价格就从 12.00 元附近直冲最高 17.50 元。尽管股价在创新高当日

就形成了明显的冲高回落走势，但这也并不能掩盖该股短期为投资者大幅创收的事实。

次日，该股收阴小幅回落，随后形成了数日的回调，不过低点没有跌破12.00元价位线。后续股价在震荡中缓慢向上移动，但涨速远不如前期，短期均线开始产生交叉，不过中长期均线还在稳定向上运行，在此期间，短线投资者依旧可以分段做多。

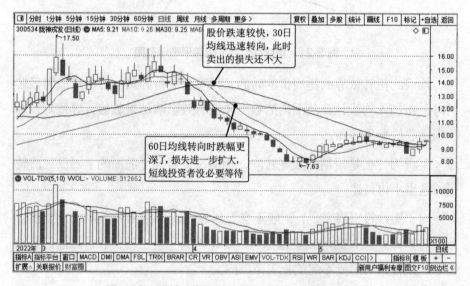

图 3-22　陇神戎发 2022 年 2 月至 5 月的 K 线图

继续来看后面的走势。3 月底，股价在小幅突破 16.00 元价位线后再次下行，但此次的跌势明显比较迅猛，股价一路向下跌破了 30 日均线和 60 日均线，形成了对均线支撑的破位。与此同时，两条短期均线也跟随形成扭转，并先后跌破了两条中长期均线。

由于此次股价下跌的速度比较快，30 日均线几乎是在被 10 日均线破位后就出现了转向，并且 60 日均线也明显走平。这对于短线投资者来说足以证明后市的走弱，再加上此时股价还在 12.00 元价位线上横盘，此时短线投资者卖出的心理负担也不算太重。

但如果短线投资者一定要等到 60 日均线彻底转向才卖出，可能就损失过大了。来看 K 线图中 60 日均线转向的同时股价的位置，可以发现，价格已经跌到了 10.00 元价位线附近，相较于 30 日均线转向的 12.00 元，跌幅更深了，这也导致损失进一步扩大。

### 3.2.4　下跌途中均线的服从

均线的服从是指在稳定的涨跌趋势中，短期均线要服从中长期均线的走势，股价则服从短期均线的走势。图 3-23 为下跌途中均线的服从形态示意图。

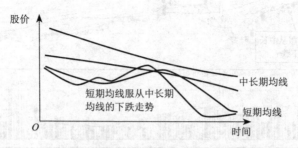

图 3-23　下跌途中均线的服从形态示意图

这时候有些短线投资者就要问了，不是说均线的变动都是建立在股价变动的基础上吗？为什么股价还要服从均线的走势？

其实，这里说的服从并不是指均线先变化再带动股价变化，而是指股价在靠近均线时，会受均线组合整体运行趋势的影响，进而发生一定程度的改变。举个简单的例子，当下跌行情形成，均线组合覆盖在 K 线之上运行时，每当股价小幅反弹向上靠近均线，就会受到其压制，转而继续下行。

同理，当短期均线跟随股价形成反弹，也有可能在靠近中长期均线时受压回落，服从中长期均线的下跌趋势。

因此，短线投资者的应对策略就是波段操作。当股价带动短期均线向上靠近中长期均线时低吸，待到反弹见顶，价格破位下跌时高抛，就有机会在下跌行情中实现盈利。

下面通过一个案例来解析。

**实例分析**

## 赛诺医疗（688108）下跌途中均线的服从解析

图 3-24 为赛诺医疗 2021 年 1 月至 5 月的 K 线图。

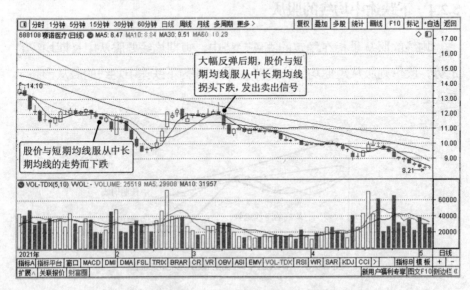

图 3-24　赛诺医疗 2021 年 1 月至 5 月的 K 线图

从图 3-24 中可以看到，赛诺医疗在很早以前就进入了下跌趋势之中，在进入 2021 年初后，这种下跌趋势就已经稳固了下来。

2021 年 1 月上旬，股价在 11.00 元价位线上止跌后小幅反弹，但也只是跌到了 12.00 元价位线上方。在此期间，股价和短期均线的走势与中长期均线发生了背离，依据服从原则，股价和短期均线会在后续形成转折。

果然，数日后，股价在 12.00 元价位线上方横盘，证明上涨动能耗尽。1 月下旬，股价转而下跌，与短期均线一起服从中长期均线的下降趋势，同时向短线投资者传递出卖出信号。

进入 2 月后不久，该股在 9.50 元价位线附近得到支撑后止跌反弹。此次股价反弹的速度有了明显的加快，数日后就成功突破到了 30 日均线以上，虽然没能跃过 60 日均线，但短时间内该股依旧能够为短线投资者带来比较丰厚的收益。

2 月底，股价在 12.00 元价位线附近滞涨横盘，中长期均线的压制作用开始显现，股价和短期均线在没能一鼓作气突破该压制线时，就已经决定了后市很难再有更好的表现。因此，股价和短期均线服从中长期均线转而下跌的走势就在情理之中了，短线投资者要注意把握卖出时机。

### 3.2.5　下跌途中均线主动修复

均线修复的前提是股价与均线之间产生了乖离，所谓的乖离就是股价与均线之间的距离，毕竟 K 线不会时时刻刻都与均线贴合、交叉在一起，即便是短期均线也不会。那么，每当股价在短时间内形成急涨或急跌走势，就会与均线组合之间形成明显的乖离。

在市场成本的影响下，股价会有向着投资者预期靠拢的动力。也就是说，股价会在乖离过大时回归均线所在的位置，这种状态就被称为修复。

根据股价回归的状态，可将其分为主动修复和被动修复，其中，主动修复指的是股价主动通过上涨或下跌向着均线靠拢的形态。图 3-25 为下跌途中均线主动修复形态示意图。

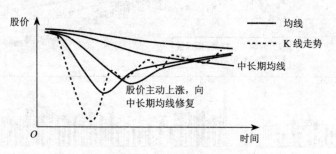

**图 3-25　下跌途中均线主动修复形态示意图**

在下跌过程中，主动修复就是股价在跌势过重时形成反弹，若行情还能延续，那么股价反弹的高点大致就在中长期均线附近，短线投资者可将其作为抢反弹的参考卖点。

下面通过一个案例来解析。

**实例分析**

### 紫光国微（002049）下跌途中均线主动修复解析

图3-26为紫光国微2022年11月至2023年3月的K线图。

在紫光国微的这段走势中，中长期均线长期压制在K线和短期均线上方，整体的下跌趋势十分明朗。在此期间，股价多次下跌，与中长期均线形成明显乖离，不过后续也都完成了修复，下面来看最为明显的两处。

第一处是在2022年12月中旬之后，股价在快速下跌中与中长期均线拉开了距离，直至落到120.00元价位线上方。此时股价与中长期均线之间的距离较大，随时有修复的可能，短线投资者要做好准备。

在120.00元价位线上止跌后，K线开始收阳上升，结合前期股价的快速下跌，此时股价反弹修复的可能性比较大，短线投资者可借机买进。

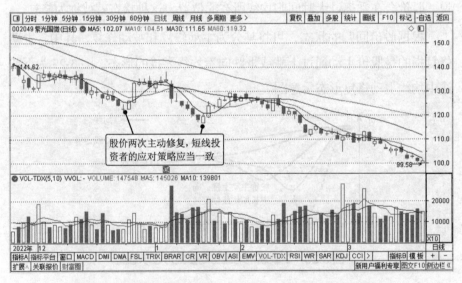

图3-26　紫光国微2022年11月至2023年3月的K线图

从后续的走势可以看到，该股在上涨至30日均线附近后就受到了明显的阻碍，K线在该均线附近收阳横盘滞涨。这就说明此次的主动修复可能已经走到尽头，明智的短线投资者此时就应当借高出货。

这样的推断在2023年1月初得到了验证，该股大幅收阴破位下跌，重新回到了下跌趋势之中。并且随着跌速的加快，股价再度与中长期均线之间产生大幅偏离，主动修复的可能性在不断增加。

1 月中旬，该股在小幅跌破 120.00 元价位线后止跌反弹，形成了一次涨幅同样明显的主动修复。此时，短线投资者的操盘策略与前期基本一致，就是当股价开始修复时买进，当其运行到中长期均线附近时借高卖出，这样就有很大机会将这一段收益收入囊中。

### 3.2.6　下跌途中均线被动修复

均线的被动修复指的是当股价与均线之间乖离过大时，股价走平，被动向着依旧下降或上行的中长期均线靠拢的走势。图 3-27 为下跌途中均线被动修复形态示意图。

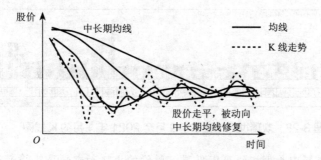

图 3-27　下跌途中均线被动修复形态示意图

在被动修复的过程中，股价其实大都处于横向小幅震荡状态，无法为短线投资者提供有效的买卖参考。但当修复完成，股价破位下跌时，明确的卖点就形成了，向依旧停留场内的短线投资者发出示警信号。

下面通过一个案例来解析。

**实例分析**

**欢瑞世纪（000892）下跌途中均线被动修复解析**

图 3-28 为欢瑞世纪 2020 年 9 月至 2021 年 1 月的 K 线图。

从图 3-28 中可以看到，欢瑞世纪整体处于下跌趋势之中。2020 年 10 月中旬，股价还在 3.50 元价位线上横盘运行，但伴随着时间的推移，K 线开始频繁收阴下跌，与中长期均线产生了越来越大的乖离。

10 月底，股价跌至 3.00 元价位线附近后有所回升，来到了 3.25 元价位线附近，随后就开始了长期的横盘整理。在此期间，K 线基本上都是以小 K 线为主，整体震荡幅度非常小。

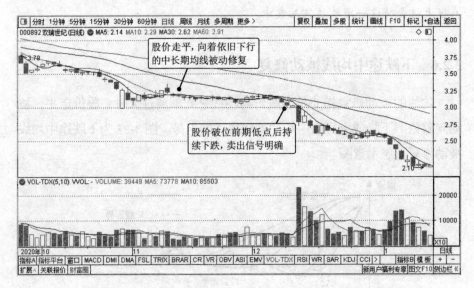

图 3-28　欢瑞世纪 2020 年 9 月至 2021 年 1 月的 K 线图

此时来观察中长期均线可以发现，股价的止跌和走平显然并未对其产生太大影响，30 日均线和 60 日均线依旧在下行，只是 30 日均线的下行角度随着股价跌势的停滞而变得逐渐缓和。

12 月初，股价终于靠近并接触到了 30 日均线，完成了一次被动修复。在均线的压制下，K 线也开始连续收阴，跌破了横盘区间的下边线，完成破位后持续下跌，说明下跌趋势延续，短线投资者不可再停留，应及时出局。

第4章

# 常用指标破位寻短线卖点

除了借助技术形态破位和均线支撑破位寻找短线卖点外，短线投资者也不能忘记技术指标破位这一关键破位类型，这对短线投资者的操盘是很有帮助的。本章就选取股市中常用的三大指标，即MACD指标、趋势线和布林指标，对其中的短线破位卖点进行解析。

## 4.1 MACD 指标破位技术应用

要学习 MACD 指标的破位形态，投资者首先要熟悉的就是指标的结构和研判依据，下面通过图 4-1 来认识一下 MACD 指标。

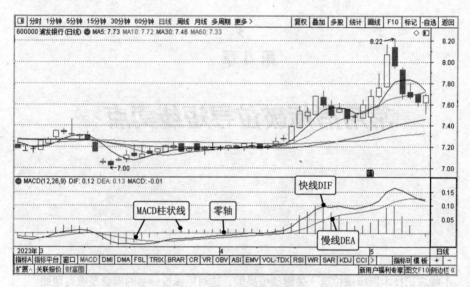

图 4-1　MACD 指标的构成

从图 4-1 中可以看到，MACD 指标主要由指标线（快线 DIF、慢线 DEA）、MACD 柱状线（零轴上为红柱、零轴下为绿柱）及零轴构成，整体结构还是比较简单的，但其中却蕴含着不简单的信息。

首先，MACD 指标中的两条指标线在很大程度上代表着股价的涨跌趋势。当 DIF 运行于 DEA 之上并持续上行时，场内多方占优，股价大概率也在向上运行，即便在横盘，未来的变盘方向也多半是向上的；当 DIF 运行于 DEA 之下并持续下行时，场内空方占优，股价很可能正在下跌，或者即将由横盘转为下跌。

其次，MACD 柱状线其实反映的就是 DIF 与 DEA 之间的距离和位置关系。当 DIF 运行于 DEA 之上时，MACD 柱状线位于零轴上方呈红色，DIF 与 DEA 之间的乖离值越大，MACD 红柱越长；当 DIF 运行于 DEA 之下时，MACD 柱状线位于零轴下方呈绿色，DIF 距离 DEA 越远，MACD 绿柱越长。

最后，零轴就是一个多空市场的分界线。市场上涨趋势是否积极，未来是否有冲击更高价的可能，很多时候都要借助 MACD 指标线与零轴之间的位置关系来判断。

由此可见，MACD 指标中存在的破位，大多是指标自身形成的破位形态，短线投资者在使用时也需要结合 K 线走势来共同分析，从而提高成功率。下面就来学习一些常见的 MACD 指标破位形态。

### 4.1.1　指标线点位下移

MACD 指标线点位的下移，主要看的是 DIF 的点位。含义也很好理解，就是 DIF 的高点或低点相较于上一次有所下降，破位破的则是前期高点或低点。图 4-2 为 MACD 指标线点位下移形态示意图。

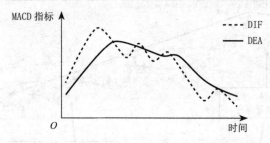

**图 4-2　MACD 指标线高点下移形态示意图**

DIF 高点的下移并不是一个好的信号，尤其是当高点连续下移时，往往意味着股价也在连续下跌。对于短线投资者来说，遇到这种情况就要迅速在高点下移的初始位置撤离，也就是第二个高点处，当然，前提是股价也表现出了走低或滞涨。

而 DIF 低点的下移也有着同样的预示意义，并且往往形成于股价转向后持续下跌的位置，是更加明确的止损信号，不像高点下移还有一定的转折预示作用。

---

**拓展知识** *DIF点位下移，股价点位却出现上扬的情况*

前面提到过，当DIF点位下移时，股价大概率也处于下跌或横盘后即将下跌的状态，但有一种情况非常特殊，那就是股价的点位与DIF产生背离，形成了上扬走势。

若这种情况在股价高位出现，并且是DIF高点下移时股价高点上移，那么这种形态就被称作MACD指标的顶背离。它意味着股价的上涨不再具备充足的动能支撑，上升趋势已经接近尾声，股价随时有见顶的可能，是一种提前预警的信号。

---

下面通过一个案例来解析。

**实例分析**

### 贵州茅台（600519）MACD指标线点位下移的卖点

图4-3为贵州茅台2021年11月至2022年3月的K线图。

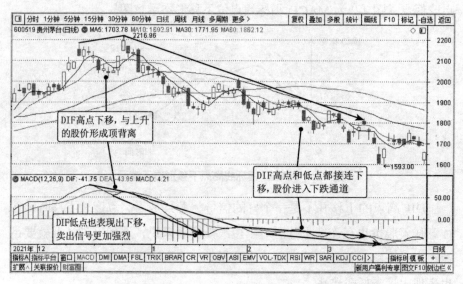

图4-3　贵州茅台2021年11月至2022年3月的K线图

从贵州茅台的这段走势中可以看到，2021年12月，股价大部分时间处于上涨状态。在12月中旬之前，MACD指标线也位于零轴以上积极上行，与股价形成配合，预示着当前涨势的积极。

12 月上旬时，股价在 2 200.00 元价位线附近受到过一次阻碍形成了回调，但回调幅度不大，股价很快又继续上涨了。受此影响，MACD 指标线也出现了转向，不过当股价继续回升并创出 2 216.96 元的新高时，DIF 的回升高点却明显低于前期。

由此可见，DIF 高点下移，股价高点上移，形成的正是顶背离形态。结合当前较高的股价位置，短线投资者可以判断出未来上涨的困难，谨慎型投资者完全可以提前出局。

继续来看后面的走势。就在股价创出新高的次日，K 线就收阴下跌了，尽管此时还不能判断出后续即将迎来的到底是回调还是下跌行情，但短线投资者还是以谨慎为佳。

从 MACD 指标的表现可以看到，在股价开始收阴下跌后，DIF 和 DEA 都完成了向下的转向，并随着价格的下滑而加大了下行角度，进一步证实了下跌趋势的形成。此时无论短线投资者是否有受损，都建议出局观望。

2022 年 1 月中旬，股价在 1 900.00 元价位线下方止跌并反弹，带动 DIF 拐头向上，形成了一个低点。与前期低点相比，此时的低点已经落到了零轴以下的深处，而此时的股价也有了较大幅度的下跌。短线投资者若还未离场，面临的损失可能就比较大了，这就需要借助后续的反弹来解套。

但从后续的走势可以看到，此次股价反弹的高度也受到了中长期均线的限制，高点仅仅小幅突破了 2 000.00 元价位线，但对于被套短线投资者来说依旧是很好的解套机会。此时，MACD 指标中 DIF 回升后的高点相较于前期依旧是下移的，并且还是位于零轴以下，看跌信号依旧在释放。

在后面长达一个半月左右的时间内，股价进入了一个稳定的下跌通道。在此期间，不仅是股价的高点和低点在下移，DIF 的点位也在同步下移，这就证明了这一阶段内的下跌趋势稳定。

虽然下跌期间股价也有多次反弹震荡，但经验不足的短线投资者介入其中还是很容易被套的。因此，风险承受能力不高的投资者还是以观望为主。

### 4.1.2 DIF 自上而下跌破 DEA

与均线一样,MACD 指标也具有死亡交叉形态,具体指的是 DIF 自上而下跌破 DEA。图 4-4 为 DIF 死叉破 DEA 形态示意图。

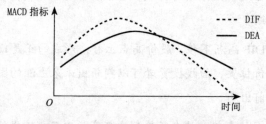

**图 4-4　DIF 死叉破 DEA 形态示意图**

根据 DIF 破位 DEA 的位置不同,可将 MACD 指标的死叉分为高位死叉和低位死叉。高位死叉即形成于零轴以上的死叉,一般来说都是股价阶段或行情见顶后转向导致的;低位死叉则位于零轴以下,往往是下跌过程中股价反弹见顶后继续下跌导致的。

由此可见,对于短线投资者来说,无论是哪种死叉,传递的都是尽快卖出的信号。当然,前提是该死叉真实有效,如果死叉形成后不久股价又迅速上涨并不断创出新高,带动 DIF 再度回到 DEA 以上,那么这就是一个欺骗信号。

不过,短线投资者也不必过于纠结死叉的真实性,本来自身的操盘策略就是快进快出,就算判断失误踏空了后市行情,也可以重新择机买进,若死叉形成后投资者惜售不肯出局,那么会存在深度被套的风险。

还有一种情况,即第一个死叉形成一段时间后股价小幅反弹,带动 DIF 重新回到 DEA 之上,但此时无论是 MACD 指标线还是股价,都远远低于前期高点。当反弹结束,股价回到下跌轨道时,DIF 再度破位 DEA 形成的死叉,就被称为二次死叉。

这种二次死叉形态可能是由高位死叉和低位死叉共同构筑的,也可能全都处于高位。但不管是什么情况,二次死叉传递出的看跌信号都比一次死叉强烈得多,如果短线投资者不幸被套,就要尽快在二次死叉处卖出。

下面通过一个案例来解析。

## 万胜智能（300882）DIF 死叉破 DEA 的卖点

图 4-5 为万胜智能 2022 年 6 月至 10 月的 K 线图。

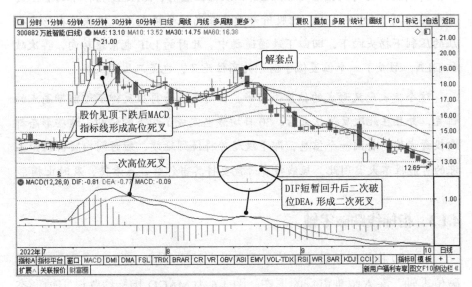

图 4-5  万胜智能 2022 年 6 月至 10 月的 K 线图

从万胜智能的走势中可以看到，2022 年 7 月初，股价还在 14.00 元价位线附近的相对低位处横盘运行，直到某一时刻 K 线突然收出一根大幅向上跳空的涨停大阳线，开启了拉升行情，吸引大量短线投资者入场。

数日后，股价形成了比较明显的滞涨，阳线几乎都带有较长的上影线，证明上方有压力，突破有困难，短线投资者要注意了。

7 月中旬之后，股价转向了下跌，并且刚开始的跌速就比较快，数日后股价就落到了 18.00 元价位线附近。与此同时，MACD 指标中的 DIF 先行拐头向下，在股价跌至 18.00 元的位置时彻底破位 DEA，形成了一个高位死叉，结合股价的持续下跌，卖出信号愈发明显了。

在后续的走势中，股价形成了一次幅度不大的反弹，但并没有成功带动

DIF 回升到 DEA 之上，被套的短线投资者依旧可以将其当作止损点出局。

8 月初，股价的再次下跌在 30 日均线附近得到支撑，随后形成涨速较慢的反弹。此次股价的反弹几乎是沿着 30 日均线运行的轨迹进行，因此，稳定性较好。

待到股价运行到接近 19.00 元价位线的位置时，MACD 指标中的 DIF 终于成功回到了 DEA 之上，但股价却没能在高位坚持太久，很快就在场内抛压的压制下拐头向下，回归下跌通道之中。此时的 DIF 也紧急转向，再次破位 DEA，形成了一个位置低于前期的高位死叉，也是二次死叉。

这个二次死叉形成的位置很巧妙，正好是股价再次反弹不过前期高点的位置，并且在此次反弹结束后，30 日均线也完成了向下的转向。这些形态都向投资者传递着同一个信息，即下跌趋势将得到延续，短时间内股价回归上涨的可能性不大。因此，短线投资者就要将其当作解套点看待，及时止损。

### 4.1.3 指标线跌破零轴

MACD 指标线跌破零轴从字面意义上就能理解，即 DIF 和 DEA 先后破位零轴，深入空头市场的形态。图 4-6 为 MACD 指标线跌破零轴形态示意图。

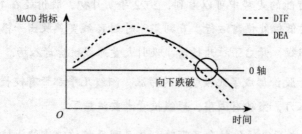

**图 4-6 MACD 指标线跌破零轴形态示意图**

一般来说，当两条指标线都破位零轴时，DIF 已经先行跌破 DEA，形成高位死叉。那么指标线对零轴的破位，就是对卖出信号的进一步确认，也是市场进入空头，卖方力量强盛的证明。

伴随着 MACD 指标线对零轴的破位，股价也大概率处于持续下跌的

过程中，无论跌势迅猛与否，短线投资者都不应该停留，此时的应对策略
就是及时止损，不要等待反弹解套点的出现。

　　下面通过一个案例来解析。

**实例分析**

### 苏文电能（300982）MACD 指标线跌破零轴的卖点

　　图 4-7 为苏文电能 2023 年 1 月至 4 月的 K 线图。

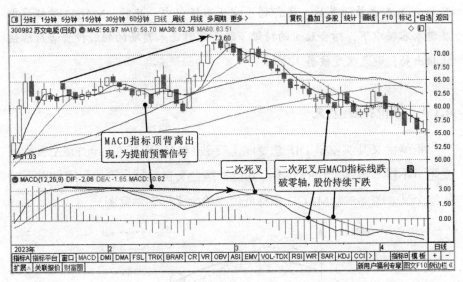

图 4-7　苏文电能 2023 年 1 月至 4 月的 K 线图

　　从图 4-7 中可以很清晰地看到，苏文电能在这段时间内正处于涨跌趋势
变换的过程中。在进入 2023 年 1 月后不久，股价就在 65.00 元价位线附近受
到阻碍并滞涨横盘，MACD 指标线也在运行到高位后跟随走平，DIF 与依旧
上行的 DEA 不断靠近，MACD 红柱持续缩短。

　　进入 2 月后，股价出现过两次速度相对较快的下跌，导致 DIF 彻底破
位 DEA，形成一个高位死叉。不过就在此次高位死叉形成后不久，股价在
60.00 元价位线的支撑下迅速回升，不断创出新高。MACD 指标线也跟随
上扬，DIF 回到 DEA 上方，但在股价创新高的同时，DIF 的高点却低于前期，
与股价形成顶背离形态。

经过前面的学习投资者应该知道，顶背离是股价即将见顶的信号。结合该股创新高后在高位持续横盘的走势，投资者可合理判断顶部已经出现，未来走势大概率会朝着下方运行。

事实也确实如此，股价在高位横盘数日后就接连收阴下跌了。DIF也再次破位DEA，形成一个二次死叉。在此之后，股价持续下跌，并连续破位30日均线和60日均线。

就在股价破位60日均线的同时，DIF也破位了MACD指标的零轴。数日后，DEA也紧随其后，运行到了空头市场以内。此时，MACD指标线彻底进入零轴以下，结合股价的持续下跌，此时还未离场的短线投资者应尽快止损出局，避免深度被套。

### 4.1.4 低位拒绝金叉

拒绝金叉其实就是DIF想要向上突破DEA，但却在靠近DEA后严重受阻，不得不再度下跌的形态。低位拒绝金叉自然就是形成于零轴以下的拒绝金叉。图4-8为MACD指标低位拒绝金叉形态示意图。

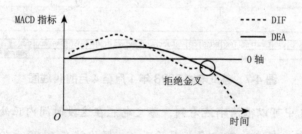

**图4-8　MACD指标低位拒绝金叉形态示意图**

拒绝金叉形成时，DIF可以与DEA形成重合，也可以位于DEA下方不远处，但不能相隔太远。而在零轴下方形成的拒绝金叉，往往是股价在下跌过程中想要反弹，但反弹幅度太小，或时间太短，又或是反弹失败形成横盘后继续下跌导致的。

这些情况对于短线投资者来说都不能算是好的买卖时机，而股价继续破位下跌，DIF拒绝金叉形成时的位置，是一个明确的止损时机。

由此可见，拒绝金叉的位置越低，卖出信号就越强烈，短线投资者越不可轻易介入。

下面通过一个案例来解析。

### 传艺科技（002866）MACD 指标低位拒绝金叉的卖点

图 4-9 为传艺科技 2022 年 11 月至 2023 年 3 月的 K 线图。

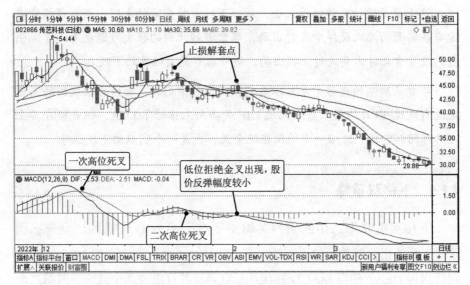

图 4-9　传艺科技 2022 年 11 月至 2023 年 3 月的 K 线图

从图 4-9 中可以看到，传艺科技从 2022 年 12 月初开始转入下跌，在此之前股价还处于上升状态中，这一点从均线组合的表现也可以看出。当股价从 54.44 元的高位下跌后，MACD 指标线也在零轴以上形成一个高位死叉，预示着此次上涨的终结。

12 月下旬，该股在 40.00 元价位线下方止跌后迅速回升，短短数日后就冲到了 50.00 元价位线附近，但未能冲破。在反复尝试后，该股终于还是于 2023 年 1 月上旬彻底转入下跌。

反弹结束的同时，MACD 指标也形成了一个位置更加靠近零轴的高位死叉，也是一个二次死叉。

在此之后，股价在 45.00 元价位线下方小幅震荡一段时间后，彻底转入了下跌趋势之中，就连均线组合也由黏合转为了向下发散，更加确定了下跌趋势的形成。

与此同时，MACD 指标也破位零轴，进入空头市场之中。并且随着股价在 45.00 元价位线下方的小幅反弹，DIF 小幅向上回升靠近 DEA，但还未来得及形成金叉，便被再度下跌的股价带动拐头向下破位，形成了一个低位拒绝金叉。

这无疑是股价反弹幅度太小，后市下跌趋势确定的表现。若短线投资者没有在前面的几次反弹中及时出局，那么留到此刻的损失可能也不小了。明智的投资者此时需要及时止损出局，避开后市更大幅度的下跌。

毕竟从后续的走势中也可以看到，在 2 月中旬时，股价再次反弹的高度也没有跃过 30 日均线。虽然此次 DIF 成功向上穿越了 DEA，但是留在其上方的时间非常短，近似一个低位拒绝金叉，也是一个明确的下跌信号。

### 4.1.5 下移双重峰

下移双重峰形态中的研判关键主要在于 MACD 柱状线，当形态构筑时，两条指标线都要位于零轴上方，并且 DIF 两次向上远离 DEA 又两次回落靠近 DEA，使得 MACD 柱状线呈红色，并且出现两个波峰，但第二个波峰要明显低于前一个。图 4-10 为下移双重峰形态示意图。

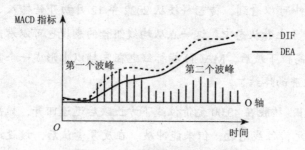

图 4-10 下移双重峰形态示意图

MACD 红柱第二个波峰明显低于前期的原因自然是 DIF 第二次上扬的动力不足，无法与 DEA 拉开更大的距离。也就是说，带动 MACD 指标线上涨的股价涨势没有前期迅猛了，或者说，尽管股价涨势依旧迅猛，但市场中的上推动能已经不足，这一点没有在 K 线上表现出来，但已经在 MACD 指标中得到了体现。

因此，股价未来发生滞涨甚至转折的可能性就比较大了，MACD 指标线之间也很可能在下一次靠近时完成破位，形成高位死叉。这一点短线投资者一定要注意，就算不能在前期判断出下移双重峰形态提前出局，也要在 DIF 彻底破位 DEA 时及时止损。

下面通过一个案例来解析。

**实例分析**

### 澄天伟业（300689）下移双重峰的卖点

图 4-11 为澄天伟业 2022 年 9 月至 12 月的 K 线图。

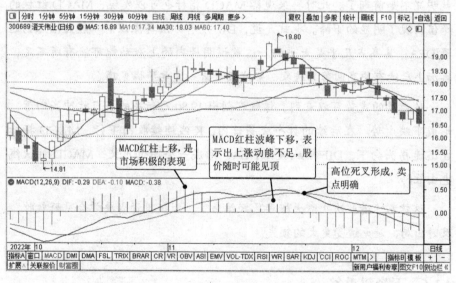

图 4-11　澄天伟业 2022 年 9 月至 12 月的 K 线图

从澄天伟业的这段走势中可以看到，2022 年 10 月初，股价才从下跌趋势中缓和过来，开始转入上涨。

但从两条中长期均线，尤其是 60 日均线的表现来看，股价其实是长期处于震荡行情之中的，60 日均线没有呈现出明显的趋势性变化，整体更像是走平。因此，后续的这次上涨可能也不会持续太长时间，涨幅也不会太大，但对于短线投资者来说，这也是一个很好的盈利机会。

10 月初，股价创出 14.81 元的新低后就迅速收阳上涨了，短短数日后就靠近了 30 日均线。虽然在 30 日均线的压制下，股价横盘了数日，但 10 月中旬，股价还是成功突破到了两条中长期均线之上，一次回调整理后，更加确定了上涨走势。

在此期间，MACD 指标在零轴以下形成一个金叉后持续上行，MACD 柱状线由绿转红，并且随着股价的不断上涨，MACD 红柱的峰值出现上移。这是市场积极推涨的体现，许多短线投资者也会趁着这个机会建仓买进，伺机做多。

不过当股价向上靠近 19.00 元价位线并再次回调后，下一次上涨的速度就明显不如前期了。此时再来观察 MACD 指标也可以发现，MACD 红柱的峰值出现了明显的下降。也就是说，DIF 没有办法再像以前一般大幅上扬远离 DEA，其高点几乎是走平的。这就说明场内的上涨动能可能有所不足，再加上后续有冲高回落的迹象，短线投资者一定要警惕见顶。

从后续的走势可以看到，该股在创出 19.80 元新高的当日就冲高回落，形成下跌走势。在后续的数个交易日内，K 线连续收阴下行，MACD 指标也迅速拐头向下，DIF 彻底破位 DEA，形成一个高位死叉，MACD 柱状线也由红转绿。

这就意味着此次上涨大概率已经结束了，短线投资者要学会见好就收，及时出局，避免遭受更大的损失。

## 4.1.6　下降双重谷

下降双重谷其实就是下移双重峰的技术形态反转，它指的是当 MACD 指标线都位于零轴以下时，DIF 与 DEA 两次向下发散，又两次收敛，导致 MACD 绿柱形成两个波谷，不过第二个波谷要明显低于前期。图 4-12 为下降双重谷形态示意图。

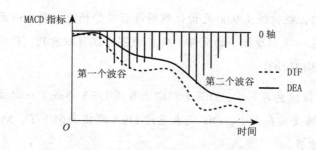

图 4-12　下降双重谷形态示意图

MACD 绿柱的第二个波谷低于前期，意味着 DIF 向下更加远离了 DEA，从侧面证明了市场的消极情绪愈发兴盛，股价的跌势可能也更加迅猛。MACD 柱状线与股价的双重破位，传递出明显的短期看跌信号。

此时，不管后市股价有没有见底反转的可能，短时间内的下跌趋势是已经确定了的。短线投资者的操作策略不像中长线投资者那样，可以长期在低位持有等待上涨。像这种程度的下跌，短线投资者就完全没有必要继续留在场内。

因此，在遇到下降双重谷时，短线投资者能尽快出局就尽快出局，等到股价彻底反转时再入场不迟，不要提前买进，平白损失一笔资金，这与短线投资者的操盘原则不符。

下面通过一个案例来解析。

**实例分析**

### 九联科技（688609）下降双重谷的卖点

图 4-13 为九联科技 2022 年 3 月至 6 月的 K 线图。

从九联科技这段走势中均线组合的表现可以看出，在 2022 年 4 月及以前，股价其实是长期处于下跌趋势之中的。

尽管在 4 月初时 MACD 指标的表现说明股价有过一次小幅的反弹，但可能是因为其反弹幅度较小，没能带动 MACD 指标彻底突破到零轴以上。

因此，两条指标线在形成一个死亡交叉后，继续在空头市场中运行。

4月中旬，股价跌至9.00元价位线附近后跌势稍缓，在8.50元价位线的支撑下形成了一次幅度极小的反弹。从K线图中就可以看到，股价此次反弹都没有跃过30日均线。

MACD指标受其影响，DIF小幅向上靠近DEA形成了一次收敛，但由于股价反弹幅度实在太小，DIF还未靠近DEA就拐头向下了，MACD绿柱形成了一个波谷。

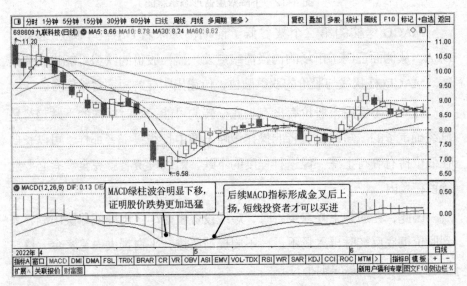

图4-13　九联科技2022年3月至6月的K线图

在后续的走势中，K线大幅收阴下跌，并且收阴的速度和幅度都明显大于前期。DIF受其影响明显加大了下跌角度，与DEA远远拉开了距离，MACD绿柱的波谷明显低于前期。结合股价的下跌趋势，双重破位的形态更加证实了短时间内下跌趋势不可逆转。

对于短线投资者来说，这绝对不是一个好消息，一些机警的投资者已经在前期MACD指标形成死叉的同时就出局了。若惜售的投资者没有抓住后续股价反弹的机会卖出，面临的损失可就比较大了。

从后续的走势可以看到，当下跌双重谷形态彻底构筑完成时，股价已经开始向上回升了。由此可见，短线投资者需要有一定的前瞻能力，很多形态都不能等待其构筑完全才出局。

　　股价在回升后，刚开始的上涨速度其实并不算快，但胜在比较稳定。此时一直留在场外观望的投资者就可以介入盈利了，而前期入场后一直被套到现在都没卖出的投资者，此时更应该关注的是如何解套，而非盈利。

## 4.2　趋势线帮助短线止损

　　趋势线属于趋势性指标的一种，具有很强的趋势预示作用，对于短线卖点来说有较强的指导意义。不过，趋势线需要投资者自行绘制，因此，投资者要知道趋势线如何画，如何修正，以及如何判断出趋势线被破位。

### 4.2.1　趋势线与趋势通道的绘制

　　趋势通道是在趋势线的基础上绘制出来的，因此，趋势线和趋势通道都有两种分类：一是上升趋势线和上升趋势通道；二是下降趋势线和下降趋势通道。

　　下面来看上升趋势线和上升趋势通道的绘制。在单边上涨行情中，选取临近的两个低点作为基点绘制一条斜线，这是未经验证的上升趋势线，当第三个低点落在该斜线上时，上升趋势线的有效性就得到了确定。

　　以前两个低点之间的高点为基点绘制一条上升趋势线的平行线，就形成了上升趋势通道，该平行线为上升趋势通道的上边线，也是压力线。

　　下降趋势线和下降趋势通道的绘制则是反其道而行之。在单边下跌行情中，选取临近的两个高点作为基点绘制一条斜线，这是未经验证的下降趋势线，当第三个高点落在该斜线上时，该下降趋势线就是有效的。

　　以前两个高点之间的低点为基点绘制一条下降趋势线的平行线，就形成了下降趋势通道，该平行线为下降趋势通道的下边线，也是支撑线。

图 4-14 为上升趋势通道（左）与下降趋势通道（右）绘制示意图。

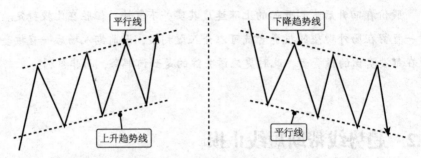

**图 4-14　上升趋势通道（左）与下降趋势通道（右）**

　　既然存在通道，那么股价大幅变盘时就一定有破位。在上升趋势通道和下降趋势通道中，股价向下破位无疑都意味着市场趋势在短时间内出现了颓势，这对短线投资者来说基本上都算是卖出信号。但有一种情况还存在挽救的空间，那就是趋势线的修正。

　　在上升趋势线运行过程中，有时候难免会出现股价小幅跌破支撑线，也就是形成了技术指标破位的情况。这时只要股价低点没有破位前期低点，那么该上升趋势线还有被修正的可能。

　　投资者可将上一次的低点与该低点连接并延伸，作出一条新的待验证的上升趋势线，待到下一个低点落在该趋势线上时，新的上升趋势线就诞生了，投资者依旧可以继续使用，新的上升趋势通道也可以在此基础上重新绘制。图 4-15 为上升趋势通道被修正的过程。

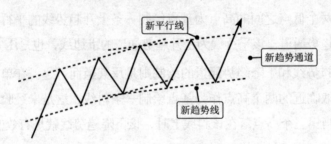

**图 4-15　上升趋势通道的修正**

也就是说，在上升趋势线被修正成功的情况下，短线投资者即便没有及时在前期技术指标破位的位置卖出，后续也有继续盈利的可能。

　　下降趋势线和下降趋势通道也是一样的，它们被破位后也有机会被修复，不过是向下的修复，也就是加大了下跌趋势线的倾角。图 4-16 为下降趋势通道被修正的过程。

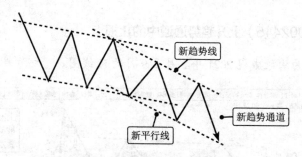

图 4-16　下降趋势通道的修正

　　在这种情况下，即便投资者也能依靠新的下降趋势通道抢反弹盈利，但随着跌速的增加，股价反弹的幅度可能会越来越小，最终转变为横盘。因此，短线投资者可以试着在下降趋势线被跌破后进行修复，但最好不要停留太长时间。

## 4.2.2　上升趋势通道中的止损点

　　上升趋势通道中的止损点，主要集中在股价向上靠近趋势通道上边线后被压制回落的位置，以及上升趋势线被破位的位置。

　　这两处止损点的风险程度是不一样的。在上升趋势通道中上涨受阻形成的卖点，大概率可视作上涨过程中的回调，未来只要上升趋势线为其提供了支撑，后市的上涨趋势还是存在的。

　　但当上升趋势线被破位后，投资者就无法轻易为股价未来的走向下定义了。上升趋势通道究竟能不能被修复，被修复后又能维持多久，这都是当时的投资者无法预知的。

　　因此，谨慎型短线投资者建议在上升趋势线被破位的同时止损出局，若部分惜售的短线投资者希望继续观望，那也要保证在上升趋势通道修正失败后及时出局。

下面通过一个案例来解析。

**实例分析**

### 海康威视（002415）上升趋势通道中的止损点

图 4-17 为海康威视 2021 年 3 月至 9 月的 K 线图。

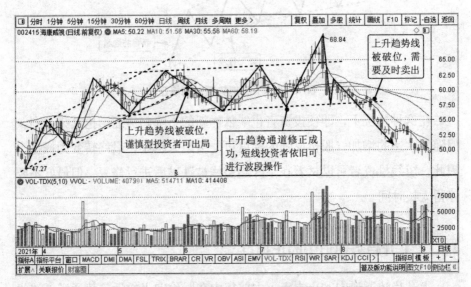

图 4-17　海康威视 2021 年 3 月至 9 月的 K 线图

股价在上涨到高位后可能会出现一定的滞涨，或者涨速下降的情况。在这种走势中，如果短线投资者能够绘制出上升趋势通道，甚至在股价涨速减缓时将上升趋势通道修正，那么就有机会在临近趋势反转时继续盈利。

海康威视在上涨到行情高位后就出现了涨速减缓的现象，不过在此之前，已经有了不少短线投资者参与，并绘制出了上升趋势通道。

从图 4-17 中可以看到，将 2021 年 3 月底和 4 月中旬的两个低点为基点，连接并延伸出一条斜线，可构成一条待验证的上升趋势线。进入 5 月后，股价回落的低点刚好也落在了该趋势线上，完成了对其有效性的确认。

而在该上升趋势线等待验证的过程中，股价已经形成了数次上冲，短线投资者也成功进行了几次波段操作。这也告诉短线投资者，不必等到上升趋势线彻底成型后再进行交易，毕竟形态成型是需要时间的，短线投资者只要能够确定短期内的上涨趋势，就可以谨慎地开始操作。

5 月底时，股价上涨到还未接触上升趋势通道上边线时就出现了回落，说明此次上涨动能不足。后续股价收阴跌破上升趋势线的走势也证实了这一点，谨慎型短线投资者最好先行出局观望。

从后续的走势中可以看到，该股在跌破原有上升趋势线后持续下行，直到靠近 55.00 元价位线时才止跌回升，形成了一个新的低点。该低点相较于上一个低点来说，位置稍有抬高，那么上升趋势线就还有被修正的机会，短线投资者可以着手绘制一条新的上升趋势线，等待下一个低点的到来。

在等待的过程中，股价依旧保持着震荡走势，短线投资者依旧可以利用这些震荡高抛低吸，赚取差价收益。

进入 7 月后不久，该股形成了又一个低点，并且正好落在了待验证的上升趋势线上，确认了其有效性。此时，短线投资者基本上就可以确定股价还有上涨的空间了，即便后续上涨的持续时间可能不会太长，但这依旧是一个不可错过的盈利机会。

在该低点形成后，股价迅速开始震荡向上，靠近新的上升趋势通道后直接将其突破，进入了更高的价格区间内。这一次股价的突破不仅跃过了趋势通道的压力线，也突破了前期数次都难以跨越的 65.00 元价位线。

在高位形成这种走势，要么是上涨行情延续的象征，要么是市场集中力量最后一次强势进攻结束后转入下跌的表现。而股价突破趋势通道上边线后收阴回落的表现证明了未来走势转入下跌的可能性较大。

数日后，股价已经跌回了上升趋势通道以内，并且还有继续下跌的趋势。7 月底，该股落到上升趋势线上后有所反弹，但反弹高点明显受制，股价再次向下跌落，直到 8 月上旬彻底跌到了上升趋势线以下。

很显然，此次股价下跌的低点已经低于上一个低点，这就说明此次的上升趋势线不能再被修正了。换句话说，下跌趋势已经到来，此时还未离场的短线投资者要注意及时止损。

### 4.2.3　上升趋势线被彻底跌破

上升趋势线被彻底跌破，就证明了股价在上升趋势线绘制完成后的第一次向下破位，就跌破或齐平于前期低点，使得上升趋势线和上升趋势通道都没有办法被修正。

这就说明股价下跌的速度比较快，市场抛盘出局的决心很坚定，后市即将迎来的不是深度回调就是彻底的下跌。因此，对于短线投资者来说，这种上升趋势线被彻底破位的情况就是比较确定的卖点，此时以先行卖出为佳。

下面通过一个案例来解析。

**实例分析**

**海源复材（002529）上升趋势线被彻底跌破**

图 4-18 为海源复材 2022 年 9 月至 2023 年 3 月的 K 线图。

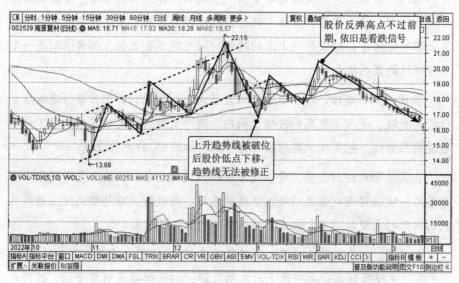

图 4-18　海源复材 2022 年 9 月至 2023 年 3 月的 K 线图

在海源复材的这段走势中，短线投资者同样可以绘制出一个上升趋势通道。将 2022 年 10 月底和 11 月下旬的两个低点作为基点，连接并延伸，就能绘制出一条待验证的上升趋势线及待验证的上升趋势通道。

进入 12 月后，股价的第三个低点刚好落在了上升趋势线上，完成了对该趋势线的验证。此时，大量的短线投资者已经进入场内，并且借助股价的震荡完成了数次买卖操作，实现了盈利。

12 月中旬，该股向上创出 22.15 元的阶段新高，在小幅突破上升趋势通道上边线的次日就收阴大幅下跌。数个交易日后，股价就跌到了上升趋势线附近，在其支撑下横盘一段时间后，股价最终还是将其跌破，运行到了更低的位置。

从后续的走势中可以看到，该股此次一直跌到 17.00 元价位线以下才止跌反弹，相较于 12 月初的低点，已经有了一定程度的下移。那么，此处就无法对上升趋势线进行修正了，此时股价的跌幅较大，形态发出的警告信号也愈发强烈。

尽管在进入 2023 年 1 月后，股价进行了两次比较明显的反弹，但反弹高点都没能超越前期。此时如果有短线投资者希望借助低点的上移重新绘制上升趋势线，就会发现第三个低点根本就落不到前两个低点的连接线上，股价直接就向下滑落了，进一步证实了未来的弱势走势。

因此，此时还因为被套留在场内，或是在反弹期间买进还没来得及出货的短线投资者，就不要再抱有希望，尽快止损才能保住资金。

## 4.2.4　利用下降趋势通道短线卖出

下降趋势通道中的卖点也很明显，即股价反弹到下降趋势线附近时受阻下跌的位置，以及下降趋势通道支撑线被破位的位置。

通过前面内容的学习投资者可以知道，下降趋势通道被破位后是可以进行修正的，但股价的跌速会加快。因此，短线投资者此时就面临着两个选择，一是继续跟进，在跌速更快的行情中抢反弹盈利；二是直接出局，另寻优质个股进行操盘。

一般来说，更多短线投资者都更倾向于第二种选择，但总会有一些风险承受能力较高的短线投资者愿意继续停留。但在收益与风险极度不匹配时，还是建议这部分投资者暂时放弃持有。

至于股价反弹到相对高位的卖点，投资者可通过股价走向与下降趋势线之间的位置关系来衡量和判断。

下面通过一个案例来解析。

**实例分析**

**中炬高新（600872）利用下降趋势通道短线卖出**

图 4-19 为中炬高新 2021 年 3 月至 9 月的 K 线图。

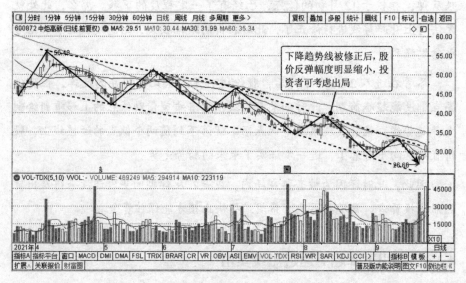

图 4-19　中炬高新 2021 年 3 月至 9 月的 K 线图

中炬高新在这段走势中表现出了比较稳定且持续的下跌趋势，股价长期震荡。将 2021 年 4 月初和 5 月底的两个反弹高点相连并延伸，就能绘制出一条待验证的下降趋势线，再依据 5 月初的低点作平行线，可初步得出下降趋势通道的雏形。

6 月下旬，股价在 40.00 元价位线上得到支撑后再次反弹，反弹的高点正好落在了下降趋势线上，确定了其有效性。短线投资者在待验证期间如果已经入场，后续就可以借助该趋势线判断下一次反弹高点的大致位置，进而在合适的位置卖出兑利。

但下一次股价的反弹幅度有了明显的缩小，该股在 35.00 元价位线处得到支撑后，仅仅反弹到 40.00 元价位线上就受阻滞涨了。显然，该高点未能接触到前期绘制的下降趋势线，因此，短线投资者需要对其进行修正，连接该点与上一个高点，形成一条新的下降趋势线。

在下降趋势线修正的过程中投资者已经可以看出，股价反弹能够为自己带来的获益空间缩小了不少，至少比起 4 月至 5 月的反弹来说，价值没有那么大了。尽管后续的下降趋势通道还有修正的可能，但经验不足，或是风险承受能力偏低的短线投资者，还是以放弃参与为佳。

从该股后续的走势可以看到，该股在 8 月底时下跌落到了下降趋势通道的支撑线上，随之形成的反弹高点则在接触到下降趋势线后就迅速转向，确定了新下降趋势线的有效性。

但投资者也可以发现，股价此次反弹的价差和上一次相差不多，获益空间依旧不大，已经参与的投资者要注意及时出局，留在场外的投资者还是继续观望为好。

## 4.2.5    下降趋势线修正失败

下降趋势线修正失败主要分为两种情况：一种是下降趋势线直接被突破，股价迅速转为上涨，形成的新高点高于了前一个，这种情况下的下降趋势线就没有办法再被修复了。另一种则是股价不再按照下降趋势通道规律运行，而是形成横盘或是急速下跌等走势，投资者无法再借助下降趋势线和下降趋势通道判断股价的高低落点。如果此时股价还处于下跌趋势，那么投资者所面临的风险就会增大不少。

由此可见，不同情况下投资者的应对策略也应当不一样。如果下降趋势线被向上破位，股价转入上涨之中，那么这就是一个比较积极的介入机会。而如果是第二种情况，短线投资者还是以出局观望为佳，避免操作失误深度被套。

下面使用一个案例来解析第二种情况下投资者应当做的选择。

**实例分析**

### 航天电子（600879）下降趋势线修正失败

图 4-20 为航天电子 2021 年 11 月至 2022 年 5 月的 K 线图。

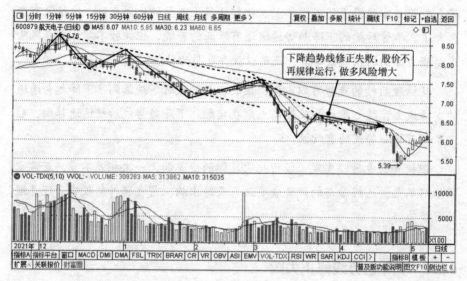

**图 4-20　航天电子 2021 年 11 月至 2022 年 5 月的 K 线图**

图 4-20 中展示的是航天电子的下跌趋势，将 2021 年 12 月初的高点和 12 月底的高点相连，可以形成一条待验证的下降趋势线，以 12 月中旬的低点为基点作平行线，可构筑出下降趋势通道。此时，许多短线投资者已经投入资金开始操盘，并且等待第三个高点的出现。

2022 年 1 月底，股价落到下降趋势通道的支撑线附近后得到支撑，随后开始反弹。此次反弹耗时较长，因为股价涨速相对前期来说慢了不少，因此，第三个高点一直到 2 月底才出现，确实也落在了下降趋势线上，证实了其有效性和下降趋势的规律性。

不过，此次股价反弹结束后回归下跌的速度明显加快，K 线连续收出阴线下跌，并且阴线实体还越来越长，股价在数日内就跌破了下降趋势通道的支撑线，形成了技术指标破位。

在后续的走势中，股价虽然继续反弹了，但反弹的高点距离下降趋势线很远，这导致下降趋势线几乎失去了参考意义，短线投资者只能考虑及时出局或修正下降趋势线。

将该高点与上一个高点相连后，绘制出了第二条待验证的下降趋势线。但此时投资者可以看出，由于此次的高点位置过低，新的下降趋势线的下倾角度偏大，几乎需要股价立即快速下跌，才能满足下一次的高点依旧落在其附近的要求。

显然，股价的走势并未按照这一轨迹行进，而是在 6.50 元价位线附近横盘后缓慢下移，破坏了下降趋势线的继续构筑，修正失败。

而此时的股价又没有明显的转势上攻的迹象，意味着未来的下跌不再按照一定的规律运行，这种情况下短线投资者很难预测出合适的买卖点，因此，还是以卖出观望为佳。

## 4.3 布林指标的破位形态解析

布林指标与趋势通道比较相似，都是通过一定的方式将股价限制在某一通道内运行，通过股价在通道内的位置变换及通道对股价走势的限制来判断高低点的落点，进而找到合适的买卖点。

不过布林指标不需要投资者动手绘制，它的设计原理使得指标自带三条指标线，即布林上轨线、布林中轨线和布林下轨线，这三条指标线叠加在 K 线上，就能形成一条股价通道。

由此可见，布林指标应当是一个主图指标，但为了不抢占均线的位置，很多炒股软件选择将其放在副图之中，让其叠加在另一种形式的 K 线上使用。这样固然能够让投资者同时使用两个趋势性指标，但在观察和分析时还是会有不便之处。因此，投资者可以选择修改炒股软件中布林指标的叠加方式，将其放到主图之中，取代均线来使用，具体的修改步骤如下。

首先投资者打开炒股软件，单击软件上方的"公式"菜单项，在弹出的快捷菜单中选择"公式管理器"命令，或者直接按【Ctrl+F】快捷键打开公式管理器，具体操作步骤如图 4-21 所示。

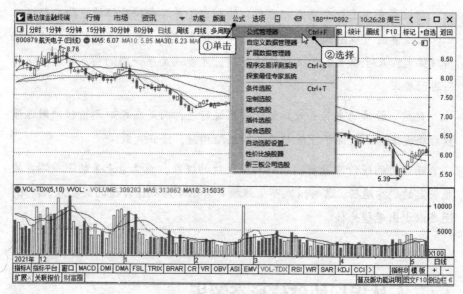

图 4-21  打开公式管理器

其次在打开的对话框中双击"路径型"命令，在打开的下拉列表中选择"BOLL 布林线（系统）"选项，单击右侧的"修改"按钮，如图 4-22 所示。

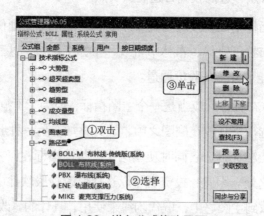

图 4-22  进入公式修改界面

　　最后在打开的"指标公式编辑器"对话框中单击"画线方法"右侧的下拉按钮，在打开的下拉列表中选择"主图叠加"选项，单击"确定"按钮，如图 4-23 所示。

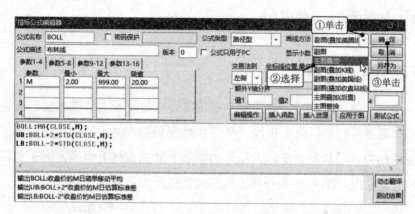

**图 4-23　布林指标叠加方式**

　　这样就成功将布林指标的叠加方式修改了，回到 K 线界面中，投资者再调出布林指标，就能直接将其叠加在 K 线上。如果投资者想将其修改回原本的副图叠加方式，只需按照同样的方式操作即可。图 4-24 为修改完成后 K 线图中的布林指标。

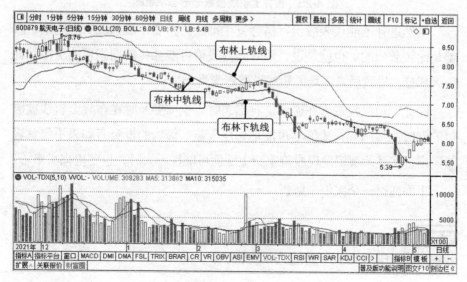

**图 4-24　完成修改后 K 线图中的布林指标**

从图 4-24 中可以看到，布林指标的三条指标线不像趋势线那样是直线，而是会随着股价的变动而变动，更加灵活，也能够更有效地将股价限制在通道范围内。这对于短线投资者来说有很高的参考价值，下面就来看看布林指标的具体使用方法。

### 4.3.1　上轨线被跌破

布林上轨线被跌破的前提就是股价需要在短时间内急速上涨，涨速快到布林通道暂时难以跟上步伐，使得 K 线突破到布林上轨线之外。当这一波暴涨结束，股价就会在巨大抛压的影响下破位布林上轨线，快速回归到布林通道之内。图 4-25 为布林上轨线被跌破形态示意图。

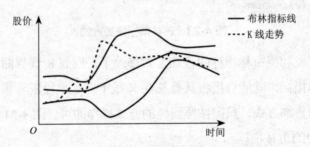

图 4-25　布林上轨线被跌破形态示意图

虽然这并不能代表股价行情会发生彻底的转变，但急涨后的急跌一般都是比较激烈的。也就是说，短时间内股价可能会将前期积累的涨幅消耗一大部分，导致后来入场的短线投资者遭受损失。

因此，短线投资者在遇到这种形态时，就需要及时在布林上轨线被破位的同时抛盘出局，才能尽可能地保住收益。惜售的投资者如果不愿意轻易卖出，在继续观望发现股价重新上涨的可能性不大时，也要止损卖出了。

下面通过一个案例来解析。

**实例分析**

**亚泰集团（600881）布林上轨线被跌破**

图 4-26 为亚泰集团 2021 年 8 月至 11 月的 K 线图。

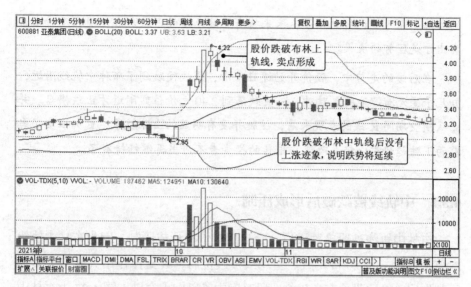

**图4-26 亚泰集团2021年8月至11月的K线图**

亚泰集团在2021年9月至11月的走势很适合短线投资者做多，因为在此期间股价形成过一次爆发式的上涨，能够为短线投资者提供较好的操盘条件。

从图4-26中可以看到，该股在2021年9月的走势还是比较平缓的，有涨有跌，但高低差价并不大，短线投资者不必浪费时间在这种走势中。

而在9月底股价创出2.95元阶段新低的次日，该股就收出了一根长实体阳线向上靠近了布林中轨线。再往后一个交易日，股价直接以涨停开盘，再以涨停收盘，K线以一根一字涨停报收，直接突破到了布林上轨线之上。

此时，股价的短期暴涨走势已经比较明朗了，大量短线投资者已经入场，进一步推动着股价向着更高的位置进发。

往后数个交易日内，K线长期维持在布林上轨线之上。期间二者有过接触，但由于股价涨速极快，布林上轨线一时跟不上，短时间内该股就没有阻碍地一路冲到了4.22元的位置，相较于2.95元的低价，涨幅达到了43.05%，为短线投资者带来了相当可观的收益。

不过，就在股价小幅跃过4.00元价位线的次日，K线就收阴跌回了布林通道之内，形成了技术指标破位。此时短线投资者就应当意识到，股价此次的大幅上涨可能已经见顶了，未来将有一波急速的下跌形成，现在及时止盈卖出才是理智的决策。

在后续的走势中，股价开始逐日下滑，很快便跌到了布林中轨线附近，并几乎毫无滞涩地将其跌破，一直跌落到 3.40 元价位线附近才止跌横盘。并且从横盘期间 K 线的表现来看，该股并没有明显的上涨迹象，更加证实了当前的下跌趋势难以轻易改变，惜售的投资者不应当再继续持有了。

### 4.3.2  中轨线被跌破后形成压制

布林中轨线被股价跌破后，会自然对价格形成压制，因为布林中轨线本质上就是一条 20 日均线。当均线被破位后，其支撑作用大概率会转为压制作用，导致股价在未来的一段时间内难以向上突破。图 4-27 为布林中轨线被跌破后形成压制形态示意图。

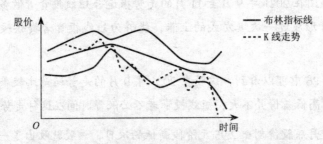

图 4-27　布林中轨线被跌破后形成压制形态示意图

那么，当布林中轨线对股价形成明确的压制后，每次股价反弹向上靠近布林中轨线的位置，就可以视作一个短线卖点。当然，已经在股价破位布林中轨线的同时出局的投资者就不必继续参与了，毕竟布林中轨线压制下的股价反弹幅度可能不会太大。

下面通过一个案例来解析。

**实例分析**
**妙可蓝多（600882）布林中轨线被跌破后形成压制**

图 4-28 为妙可蓝多 2021 年 11 月至 2022 年 5 月的 K 线图。

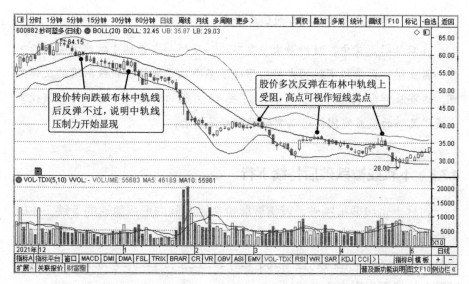

图 4-28　妙可蓝多 2021 年 11 月至 2022 年 5 月的 K 线图

在妙可蓝多的这段走势中，股价走势在 2021 年 12 月初发生了转折。在此之前，该股还处于稳定且持续的上涨过程中，直到创出 64.15 元的新高后，股价才形成了明显的转向。

12 月中旬，股价跌破布林中轨线后持续下行，落到 55.00 元价位线附近才止跌，随后小幅回升。但此时被跌破后的布林中轨线已经拐头向下，并表现出了对股价的压制作用，K 线在收阳靠近该压力线时就受阻向下，落到了更低的位置。

由此可以看出，股价的反弹幅度并不大，对于短线投资者来说价值并不高。那么，没有在股价转向或破位布林中轨线的同时出局的投资者，在看到此次反弹的弱势表现后，就需要认清形势出局了。

2022 年 1 月中旬，股价在布林下轨线上得到支撑后横盘了一段时间，最终于 1 月底大幅收阴下跌，一路跌到了 35.00 元价位线上方才暂时止住。此时股价与布林中轨线之间的偏离较大，可能会形成一次比较明显的反弹，被套的投资者可予以高度关注，寻找解套机会。

股价后续的走向也证实了这一点，该股收阳反弹到了 40.00 元价位线附近，在滞涨中靠近了布林中轨线，并最终被其压制向下，回归下跌之中。那么这一个反弹高点就可以视作短线卖出点。

在后续的走势中，股价多次重复下跌→反弹→在布林中轨线上受阻后下跌→再反弹→再受阻下跌的走势，形成了多个位于布林中轨线附近的反弹高点。这些反弹形成的价差相较于 2021 年 12 月底的都更大，可以为短线投资者提供足够的获益空间，进而实现盈利或是解套。

### 4.3.3 下轨线被跌破后持续下行

布林下轨线要被跌破，就需要股价在短时间内形成急速的下跌，才能破位布林通道的下边线来到更低的位置。而后续的持续下跌可能是维持在布林下轨线之外，也可以是形成于布林通道之内。图 4-29 为布林下轨线被跌破后持续下行形态示意图。

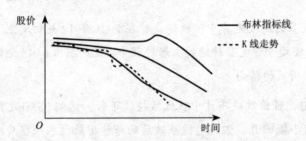

**图 4-29　布林下轨线被跌破后持续下行形态示意图**

股价在很多时候之所以无法长期维持在布林下轨线以外运行，还是因为市场并没有能力长期提供充足的助跌动能，换言之，就是投资者们并没有那么大的决心，也并没有那么多的筹码来维持价格的快速下跌。因此，股价很可能在短暂暴跌后小幅回升到布林通道以内，然后继续向下运行。

虽然这种暴跌一般无法持续太长时间，但短时间内造成的杀伤力还是非常大的，毕竟要想一举破位布林下轨线，股价可能需要跌停才能做到。但对于短线投资者来说，一个交易日的跌停都已经是比较沉重的损失了，更不要说后续股价还会持续下跌一段时间。

因此，布林下轨线被破位的当时，短线投资者就需要立即出局，不能停留，若股价后续还有上涨可能，等到趋势止跌反弹后再重新入场不迟。

下面通过一个案例来解析。

### 大晟文化（600892）布林下轨线被跌破后持续下行

图 4-30 为大晟文化 2019 年 11 月至 2020 年 5 月的 K 线图。

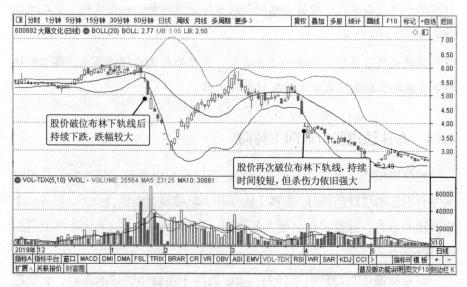

图 4-30　大晟文化 2019 年 11 月至 2020 年 5 月的 K 线图

从图 4-30 中可以看到，大晟文化在 2019 年 12 月至 2020 年 1 月上旬的走势还算正常，股价涨跌幅度不大，期间偶尔对布林通道有所破位，但都不明显，持续时间也不长。

但到了 2020 年 1 月下旬时，股价突然连收数根阴线，不仅破位了布林中轨线，还一路跌到了布林下轨线之外，并持续下行。受到这一轮暴跌的影响，布林下轨线几乎是呈斜线拐头向下，但依旧无法将 K 线囊括在内。

在短短数日后，股价就从 6.00 元价位线附近跌到了 3.00 元价位线上方，近乎 50% 的跌幅给场内投资者带来了巨大的损失。此时机警的短线投资者若能在股价连续破位布林中轨线和下轨线时及时出局，还有机会保住一定的收益，但如果投资者一时不察，或是犹豫惜售，就可能被套损失大量资金。

不过幸运的是，该股这一轮暴跌到 3.00 元价位线上后，K 线开始连续大幅收阳，又在短时间内回升到了布林中轨线之上，甚至还回到了 6.00 元价位线附近。如此异常的走势很可能是主力的手笔，但不管其有什么目的，短线投资者都可以借助此次的强势反弹迅速抛盘，将资金回笼。

在后续的走势中，股价再次形成了下跌，不过跌势就正常了许多，股价在震荡中逐步向下运行。3 月底，K 线再次快速收阴，在以一根倒 T 字线破位布林中轨线后不久，股价小幅回升到布林通道内部，稍微减缓了下跌速度后依旧在下行。

这就说明了当前市场跌势还在延续，并且短时间内很难遏止，那么短线投资者就要在损失还未扩大时及时撤离止损。

## 4.3.4　布林通道张口后向下转向

相信投资者通过前面几个案例的学习已经可以发现，每当股价在短时间内有明显的涨跌趋势时，布林上轨线和下轨线就会向两边张开，形成一个喇叭状的形态，这就是布林通道的张口。股价涨跌幅度越大，布林通道的张口就越大。

而布林通道张口后向下转向，主要取决于布林中轨线的走向。如果股价是向下产生剧烈的走势变化，那么布林中轨线就会被带动向下运行，布林上轨线和下轨线在短暂向两边扩张后，都会转向下方，构成卖出形态。图 4-31 为布林通道张口后向下转向形态示意图。

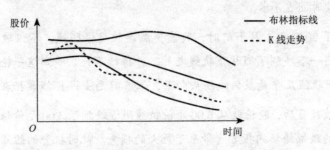

图 4-31　布林通道张口后向下转向形态示意图

在这种剧烈的股价变动中，布林下轨线可能会被破位，也可能不会，但无论是何种走向，股价的跌势都已经得到确定，短线投资者需尽快卖出止损，滞留场内可能会被套牢。

下面通过一个案例来解析。

**实例分析**

### 南京化纤（600889）布林通道张口后向下转向

图 4-32 为南京化纤 2020 年 10 月至 2021 年 2 月的 K 线图。

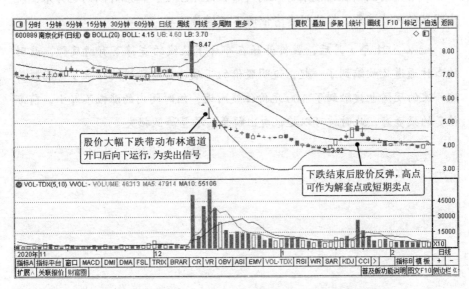

图 4-32　南京化纤 2020 年 10 月至 2021 年 2 月的 K 线图

在南京化纤的这段走势中，股价在 2020 年 11 月呈现出的是长期横盘走势，K 线围绕布林中轨线向下波动，震荡幅度比较小，导致布林通道紧缩起来，包裹住了 K 线。

不过在进入 12 月后，股价在一次突兀的涨停后高开低走，收出的一根长实体阴线向下跌破了布林中轨线。而在后续的数个交易日内，股价持续跌停，连收三根倒 T 字线，跌落到了布林下轨线之外。

受此剧烈变动的影响，布林通道迅速向两边开口，布林中轨线也在被跌破后迅速拐头向下，对股价形成了强力的压制。

此时，尽管布林上轨线还在上扬，但布林通道张口后向下转向的形态已经比较清晰了，再加上股价也在跌停板打开后落到了 5.00 元价位线以下，市场转弱的信号愈发强烈起来。

12 月中旬，股价的跌速明显减缓，但跌势依旧不改，这使得布林中轨线持续下行，连带着布林上轨线也开始走平并向下转向。到了 12 月底时，布林通道已经全部转向了下方。

尽管此时股价已经没有像之前那样快速下跌了，但短时间内也并未呈现出明显的回升迹象，短线投资者依旧不可轻易参与。

进入 2021 年 1 月后，股价开始在布林下轨线的支撑下有所反弹，此时的布林通道又收缩到了一起，说明股价的下跌已经阶段性地结束了。而股价这一次的反弹也接触到了 5.00 元价位线附近，短时间内的涨幅不算小，前期被套的投资者，此时就可以趁机卖出解套，尽量降低损失。

## 第 5 章

## 分时走势中短线破位止损

投资者要在股市中进行买卖操作，对分时图的研究和分析是必不可少的，尤其是短线投资者，更应该熟知分时图中潜藏的股价运行规律，以及其中的破位形态所能带来的参考价值，从而实现减损增收。

# 5.1 股价线对关键线的破位

股价在分时图中的表现形式是一条曲线，常被称为股价线，而均线在其中的表现形式就是均价线。不过，这条均线的计算方式与 K 线图中的不同，它代表的是从开盘到当前的股票平均价格，因此，变动幅度不会太大。

股价线对关键线的破位，不仅包含了对这条均价线的破位，也包含了其对某些关键价格的破位，比如前日收盘价、前日最低价、当日开盘价等。股价线对这些价格的破位能够在一定程度上为短线投资者提供研判参考，进而寻找到合适的卖点。

当然，在分时图中卖出的决定还是要建立在 K 线图中股价走弱的基础上，如果股价正处于上升期，即便某个交易日出现了偶然的股价线破位，短线投资者也没有必要直接抛盘撤离。因此，短线投资者还是要将 K 线走势与分时走势结合起来分析，避免无端踏空后市行情。

## 5.1.1 股价线跌破均价线止损

股价线跌破均价线算是分时图中最为明显的破位形态之一，也是短线投资者比较容易发现和判定的形态。图 5-1 为股价线跌破均价线止损形态示意图。

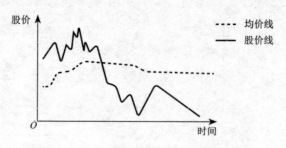

**图 5-1 股价线跌破均价线止损形态示意图**

股价失去买盘的支持，或是短时间内卖盘强势发力，都有可能导致股价线跌破均价线。而一旦股价线跌落到均价线以下，短时间内没有回升的迹象，后续就很难有所突破了，毕竟股价上涨所需的能量和难度，都比股价下跌要多得多。

因此，短线投资者若在 K 线图中发觉了股价走弱或是有破位的迹象，进入分时图后又看到了股价线破位均价线的形态，最好及时借高出货，保住一部分资金。

下面通过一个案例来解析。

**实例分析**
### 泽宇智能（301179）股价线跌破均价线止损

图 5-2 为泽宇智能 2022 年 2 月至 5 月的 K 线图。

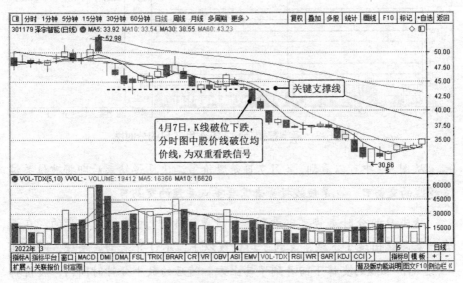

图 5-2　泽宇智能 2022 年 2 月至 5 月的 K 线图

从泽宇智能的这段走势中可以看到，在 2022 年 3 月 10 日该股创出 52.98 元的新高后，行情就逐步转为了下跌。但下跌期间股价还是出现了几次反弹，因此，依旧有不少的短线投资者参与其中。

3 月中下旬，股价形成了两次比较明显的反弹，但分别在 60 日均线和 30 日均线上受阻回落。两次股价得到支撑反弹的价位线都在 45.00 元下方不远处，说明这是一条关键支撑线。

当这条关键支撑线有被破位的可能时，短线投资者就要考虑一下是否要将资金撤离了，比如 4 月 7 日股价在支撑线边缘低开后继续下跌。

图 5-3 为泽宇智能 2022 年 4 月 7 日的分时图。

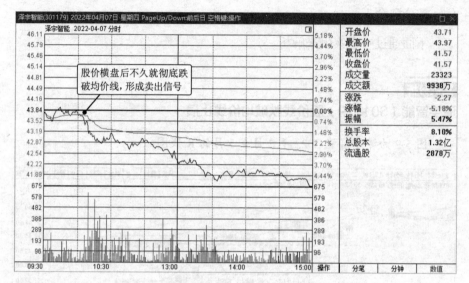

图 5-3　泽宇智能 2022 年 4 月 7 日的分时图

从图 5-2 中可以看到，4 月 7 日是股价第二次反弹结束后即将破位关键支撑线的交易日，也是短线投资者需要重点关注的交易日。

从当日的分时走势可以看到，该股是以 43.71 元的低价开盘的，在开盘后立即就出现了下跌，落到了均价线以下，不过并未彻底跌破，而是在43.52 元价位线的支撑下回升到了其上方。随后的数十分钟时间内，股价都被限制在均价线与前日收盘价之间小幅震荡。

10:00 之后，股价围绕均价线横盘几分钟后彻底将其跌破，迅速运行到了更低的位置，还带动了走平的均价线拐头向下，整体压制在股价线上方。

此时，股价已经有了比较明显的下跌，这一点不仅在分时图中能够看出，在 K 线图中同样能发现当日还未成型的阴线正在向下拉长，跌破关键支撑线几乎已成定局。那么，认清形势的短线投资者就要在股价跌势还未进一步扩大时迅速抛盘出局。

## 5.1.2　均价线压制股价线卖出

均价线对股价线的压制一般是在均价线被彻底跌破后才会出现，在被压制期间，股价会多次在多方的发力推动下上行试探均价线处的压力，但基本上每一次都会在其附近受阻下跌，直到反弹幅度越来越小，最终以低价收盘。图 5-4 为均价线压制股价线卖出形态示意图。

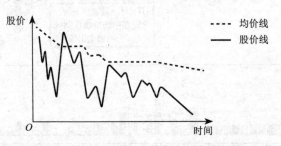

图 5-4　均价线压制股价线卖出形态示意图

有些时候，股价线会在反攻均价线的过程中小幅突破，但如果没有场外资金的大力支持，价格最终还是会破位下跌，落到均价线下方，呈现出的仅仅是一次积极性较高的反弹而已。

若短线投资者已经有了出局的意愿，那么在发现股价线长期被压制下行的走势时，就要尽早在反弹高点卖出，降低损失。

下面通过一个案例来解析。

**实例分析**

**百胜智能（301083）均价线压制股价线卖出**

图 5-5 为百胜智能 2023 年 2 月至 5 月的 K 线图。

图 5-5 中展示的是百胜智能一段短暂上涨后破位下跌的走势，尽管股价从 3 月中旬才开始呈现出上涨走势，并且持续时间也不长，但依旧吸引了不少短线投资者参与其中。

3 月下旬，该股在创出 14.37 元的新高后就拐头下跌了。刚开始的跌速并不快，股价在 13.50 元价位线附近得到支撑后横盘了一段时间，期间并没有明显的回升迹象，股价高点愈发向下移动，有彻底将支撑线跌破的趋势，这一点在4月10日得到了明显的体现。

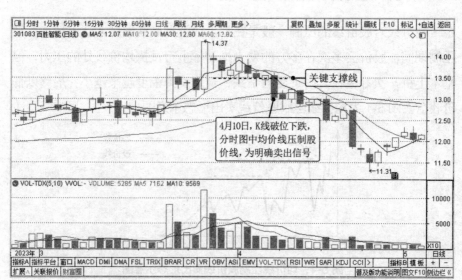

图5-5　百胜智能2023年2月至5月的K线图

下面来看看4月10日股价的分时走势如何。图5-6为百胜智能2023年4月10日的分时图。

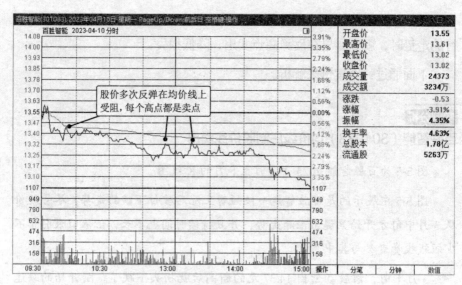

图5-6　百胜智能2023年4月10日的分时图

从分时图中右侧的数据窗口中可以看到，该股当日是以13.55元的平价开盘的，开盘后短暂震荡了几分钟，最终还是跌落到了均价线以下，彻底被均价线压制住了。

在后续的走势中，股价线反复上冲，数次都几乎接触到均价线了，但都被其上方的压力限制住，最终形成了一个又一个反弹高点。并且随着均价线的不断下移，股价反弹的幅度越来越小，直至 10:30 之后彻底转入下跌，运行到了离均价线更远的低位。

对于短线投资者来说，这就是股价破位下跌的关键转折点。不仅分时图中股价线破位了 13.40 元的横盘支撑线，在 K 线图中，股价也破位了 13.50 元的横盘支撑线。内外双破位，传递出了极其强烈的卖出信号。

临近早间收盘时，股价线又一次明显反弹，向上靠近了均价线，但依旧受其压制拐头下跌。在随后的较长一段时间内，股价反复在 13.25 元价位线的支撑和均价线的压制下横向震荡。这段走势为还没来得及离场的短线投资者提供了充足的卖出时间，被套投资者需要抓紧时间。

14:15 之后，股价再次破位 13.25 元的支撑线向下跌落，进一步证实了下跌趋势的延续，此时投资者应尽快止损出局。

### 5.1.3  股价线跌破关键价格

前面提到过，股价线对关键价格的破位也能为短线投资者提供操盘参考，而这里的关键价格主要有前日收盘价、当日开盘价和前日最低价。图 5-7 为股价线跌破关键价格形态示意图。

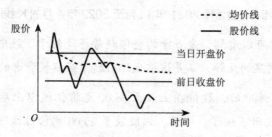

**图 5-7  股价线跌破关键价格形态示意图**

在一个交易日的分时图中，前日收盘价和当日开盘价都是能轻易定位的，只有前日最低价需要结合前一个交易日的数据来观察。

不过这三个关键价格被破位的意义其实相差不大，每破位一个价格，就代表着股价又向着更沉重的下跌迈进了一步。当股价彻底破位前日最低价时，就代表着当日的 K 线已经跌破了前期低点。如果该低点正好还是股价横盘的支撑线，就会形成内外双破位，传递出的卖出信号会更加可靠。

下面通过一个案例来解析。

**实例分析**

### 金百泽（301041）股价线跌破关键价格

图 5-8 为金百泽 2021 年 11 月至 2022 年 1 月的 K 线图。

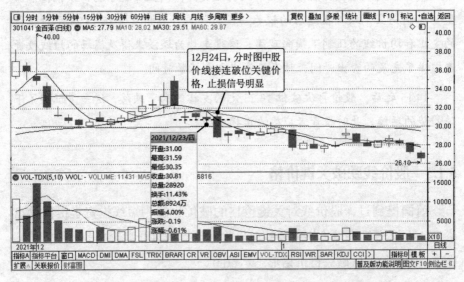

**图 5-8　金百泽 2021 年 11 月至 2022 年 1 月的 K 线图**

从图 5-8 中可以看到，金百泽的整体趋势还是处于下跌中的，只是期间有过几次比较明显的反弹，正是这些反弹引起了短线投资者的注意。

2021 年 12 月中旬，股价在上涨至 35.00 元价位线以上后冲高回落，创新高的当日就收阴下跌了。次日，该股跌至 29.00 元价位线附近，随后形成了数日的横盘，直到 12 月 24 日才出现明显的变盘。

图 5-9 为金百泽 2021 年 12 月 24 日的分时图。

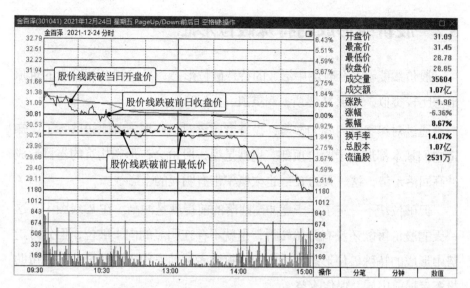

图5-9 金百泽2021年12月24日的分时图

该股在 12 月 24 日是以 31.09 元的高价开盘的，在开盘后有过短暂的上涨，但数分钟后就拐头向下了。9:50 左右，股价线彻底向下跌破了 31.09 元价位线，也就是当日开盘价，形成了一次破位。

一次破位还不能证明什么，但当股价线持续下移，落到前日收盘价上反复震荡时，短线投资者就要察觉到危险并及时借高出局。临近 10:30 时，股价终于还是跌破前日收盘价，再次实现了对关键价格的破位，向短线投资者发出了示警。

此时，还未被跌破的只有前日最低价了。回到 K 线图中可以看到，12 月23 日的最低价为 30.35 元，而此时刚刚跌破前日收盘价的股价线正在不断向下靠近这条关键价位线，数分钟就能将其跌破。

10:40 左右，股价击穿了 30.35 元的支撑，但随后便在 30.24 元价位线附近得到了支撑，不能算是彻底破位。而且在临近早间收盘时，股价还小幅回升到了 30.35 元价位线以上，表现出疑似回归上涨的迹象。

但这种猜测在下午时段开盘后被打破了，股价迅速下移回到 30.24 元价位线上，并在 13:50 左右彻底破位该支撑线。此时三个关键价格都被破位了，并且股价还有继续下跌的趋势，短线投资者不能再停留了。

## 5.2 股价线形成的特殊破位形态

股价线能够在分时图中形成的特殊破位形态，其实和 K 线图中的筑顶形态比较类似，即倒 V 形顶、双重顶、头肩顶等。

通过对第 2 章内容的学习，投资者应该对这些形态都比较熟悉了，知道它们基本都形成于股价顶部。也就是说，股价会在形态构筑的当日形成冲高回落走势，这一天的 K 线也大概率带有明显的上影线。

但破位却不一定了，毕竟冲高回落的前提就是冲高。在 K 线图中，这一天的股价可能还没有开始转折，也就不存在明显的向下破位，但分时走势中形成的特殊破位形态能够向短线投资者提前发出下跌预警，进而帮助投资者提前出局，保住收益。

### 5.2.1 冲高回落倒 V 形顶

分时图中的倒 V 形顶是十分常见的冲高回落破位形态，不过由于其颈线通常会处于均价线之下，因此，只要当股价向下跌破均价线后，就可以算作破位成功了。图 5-10 为冲高回落倒 V 形顶形态示意图。

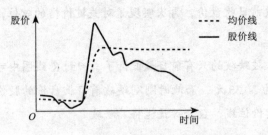

**图 5-10 冲高回落倒 V 形顶形态示意图**

有些时候，由于股价开始拉升的初始位置较低，倒 V 形顶的雏形出现后，股价线可能需要用一整个交易日的时间才能将颈线破位，或者干脆直接在颈线以上的位置收盘。

因此，短线投资者不必过于纠结颈线是否被跌破了，关注均价线是更为明智的选择。一旦均价线被破位，短线投资者就要考虑是否应该现在就卖出，以保住前期收益。

下面通过一个案例来进行解析。

**实例分析**

## 杭电股份（603618）冲高回落倒 V 形顶

图 5-11 为杭电股份 2022 年 1 月至 4 月的 K 线图。

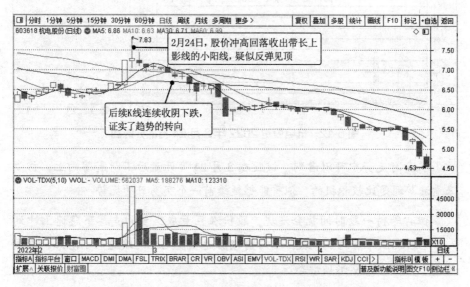

**图 5-11　杭电股份 2022 年 1 月至 4 月的 K 线图**

杭电股份在 2022 年 2 月至 4 月这段时间内呈现出的走势整体是下行的，这一点从两条中长期均线的表现就可以看出。不过，在 2 月下旬，股价进行过一次比较明显的反弹，可以视作短线投资者的盈利机会。

股价刚开始的上涨还不明显，直到 2 月 23 日 K 线收出一根大阳线并突破到 60 日均线之上，此次反弹的强势才初步显现出来。不过，根据下跌趋势中股价反弹到中长期均线附近大多会受阻的规律，该股很有可能即将转向，短线投资者要特别注意第二天股价的走势。

下面来看看杭电股份在 2 月 24 日的表现。图 5-12 为杭电股份 2022 年 2 月 24 日的分时图。

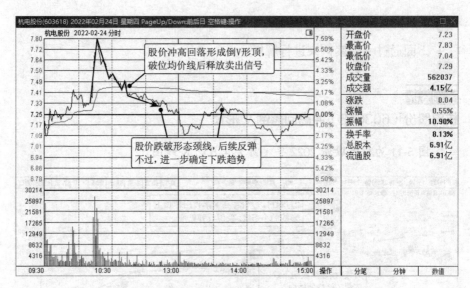

图 5-12  杭电股份 2022 年 2 月 24 日的分时图

从分时走势中可以看到，该股在 2 月 24 日开盘后不断震荡向上，初步来看涨势还是比较积极的，似乎能够延续前一个交易日的优势。

但再等待一段时间就会发现，股价在巨量成交量的支撑下急速上冲到 7.83 元后就立即转向了下跌，以与前期涨速相差无几的跌速向下滑落，形成了一个明显的倒 V 形顶形态。

几分钟后，股价就跌到了 7.49 元价位线附近，并在此稍微减缓了跌势。10:30 之后，股价继续下跌，不久之后成功破位均价线。

此时，股价处于 7.41 元价位线附近，相较于当日最高价已经有了约 5.36% 的跌幅，放在单日走势中已经可以算是比较严重的损失了。反应快的短线投资者已经接收到了股价见顶的信号，进而及时出局了。

11:00 之后不久，股价将倒 V 形顶的颈线，即初始拉升位置的 7.33 元价位线也跌破了，形态完全成立后，看跌信号更加明确。并且在后续的走势中，股价反弹不过颈线，进一步证实了下跌趋势的形成。

回到 K 线图中也可以发现，在 2 月 24 日 K 线收出一根带长上影线的小阳线之后，该股就连续收阴下跌，很快就回到了中长期均线的覆盖范围以内，说明反弹结束，市场已经回归弱势，短线投资者不可继续参与。

### 5.2.2 反复上冲双重顶

分时图中的双重顶也需要股价线二次上冲，突破前期高点失败后转入下跌形成。图 5-13 为反复上冲双重顶形态示意图。

由于股价初步突破压力线失败后回落的幅度不会太大，因此，分时图中的双重顶颈线一般是处于均价线以上的，短线投资者可重点关注该关键支撑线，之后再观察股价线对均价线的破位。

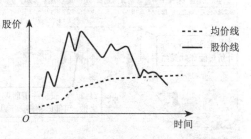

图 5-13 反复上冲双重顶形态示意图

而在 K 线图中，分时双重顶形成的位置可能也是股价正在冲击某关键压力线的位置，就像上一个案例中股价对均线组合的突破一样。

所以，短线投资者也要注意 K 线图中股价是否有什么异常表现。若在关键突破位发现了分时双重顶，就一定要注意股价是否可能即将转向，必要时可提前出局观望。

下面通过一个案例来进行解析。

**实例分析**

### 台海核电（002366）反复上冲双重顶

图 5-14 为台海核电（2023 年 6 月 9 日起，台海核电证券简称变更为"融发核电"证券代码保持不变）2020 年 6 月至 9 月的 K 线图。

从图 5-14 中可以看到，台海核电（融发核电）在 2020 年 7 月初形成了一次十分快速且稳定的拉升，股价一路从 4.00 元价位线附近上涨至 6.00 元价位线下方，短期涨幅十分可观。

不过，股价在 6.00 元价位线附近受阻后出现了幅度较大的回调，但持续时间并不长，几个交易日后，该股便在 30 日均线附近得到支撑止跌，将卖盘抛压释放完全后继续向上移动。

7月下旬，股价再次上涨靠近了 6.00 元价位线。一般来说，前期高点会对股价形成一定的限制，因此，该股很可能在该价位线上再度受阻下跌，短线投资者要注意观察。

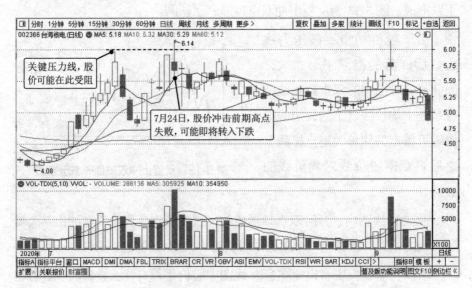

图 5-14　台海核电（融发核电）2020 年 6 月至 9 月的 K 线图

图 5-15 为台海核电（融发核电）2020 年 7 月 24 日的分时图。

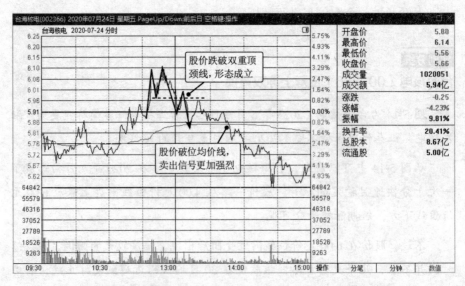

图 5-15　台海核电（融发核电）2020 年 7 月 24 日的分时图

7 月 24 日正是股价靠近 6.00 元价位线时的一个交易日，从其分时走势可以看到，该股当日是以 5.80 元的低价开盘的。在 10:30 之前，股价都没有出现过明显的趋势性走向，但在 10:30 之后，股价出现了明显的上涨，半个小时后就已经冲到了 6.10 元价位线附近。

但由于 K 线图中 6.00 元这条关键压力线的影响，股价并未彻底将其冲破，而是转而回落，跌到了 5.96 元价位线附近。随后，股价再次上冲，在小幅震荡后再次来到了 6.10 元价位线附近，但依旧没能成功突破，最终还是转入了下跌，临近早间收盘时，股价跌到了 6.01 元价位线下方不远处。

此时，双重顶的形态已经比较明显了，其颈线就在 5.96 元价位线上方，虽然股价在早盘交易时间内并未将其跌破，但下午时段开盘后还是有很大概率会彻底将其跌破。因此，机警的短线投资者现在就要做好准备，在下午时段开盘后立即卖出。

果然，在下午时段开盘后，股价就立即将颈线跌破了，双重顶形态彻底成立，结合 K 线图中股价冲击 6.00 元压力线失败的走势，基本确定了后市的弱势走势，短线投资者应尽快出局。

13:46 左右，股价在均价线上反复震荡了一段时间后将其破位，并持续向下运行，卖出信号更加强烈了，短线投资者最好卖出观望。

### 5.2.3　突破失败头肩顶

分时图中的头肩顶形态与 K 线图中的头肩顶形态很相似，都是股价反复上冲失败形成的。图 5-16 为突破失败头肩顶形态示意图。

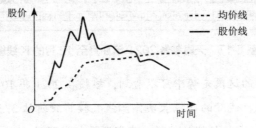

图 5-16　突破失败头肩顶形态示意图

分时头肩顶的构筑时间一般较短，有些时候与倒 V 形顶的构筑时间都相差无几，两边的肩部就像是倒 V 形顶形成过程中的小幅震荡一样。事实上，分时倒 V 形顶与分时头肩顶的含义确实差异不大，都是股价冲高回落，即将转入下跌的预兆。

当然，这样的预兆是否准确、有效，还是需要通过分析 K 线图中股价的表现来判断。比如股价正处于快速上涨后的高位，或是某条压力线的限制下，具体问题需要具体分析。

下面通过一个案例来进行解析。

**实例分析**

### 天秦装备（300922）突破失败头肩顶

图 5-17 为天秦装备 2021 年 9 月至 12 月的 K 线图。

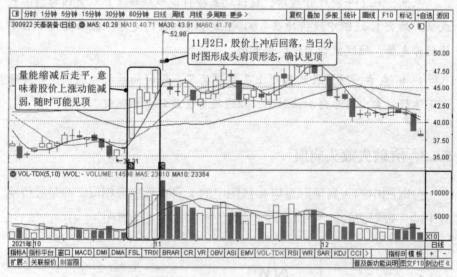

图 5-17　天秦装备 2021 年 9 月至 12 月的 K 线图

从天秦装备的这段走势中可以看到，该股在 2021 年 10 月底出现了一次十分快速的上涨，连续的四根长实体阳线直接将股价从 37.50 元价位线附近拉到了接近 47.50 元价位线的位置，短期涨幅相当可观。

不过此时，K 线图中并不存在明显的压力线，中长期均线或是前期高点都没有对股价产生明显的压制。那么，短线投资者在难以分辨见顶位置时，就可以利用其他的指标进行分析，比如成交量。

观察这四个交易日的成交量变动情况可以发现，前两个交易日收阳时成交量确实有过明显放大，但从第三个交易日开始，量能就出现了回缩后走平的趋势。在股价上涨的同时量能走平，就意味着场内交易积极性降低，资金注入量下降，这会使得股价涨速受限，最终的结果就是上涨见顶。

短线投资者在接收到这样的信号后，就要时刻保持警惕，注意随时可能出现的顶部。11 月 2 日正是量能走平后的一个交易日，当日股价高开后有过积极的上冲，但最终的结果却不太理想，下面来看看当日的分时走势如何。

图 5-18 为天秦装备 2021 年 11 月 2 日的分时图。

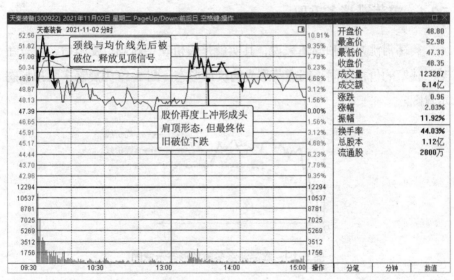

图 5-18　天秦装备 2021 年 11 月 2 日的分时图

从分时走势中可以看到，天秦装备在 11 月 2 日这一天以高价开盘后就出现了快速的上冲，在小幅跃过 51.08 元后有过一次小幅回调整理，不过很快就再度上冲了。在创出 52.98 元的新高后，股价迅速向下转向，同样在 51.08 元价位线附近形成了一次反弹，随后再度下跌。

从形态上来看，股价线在短时间内就构筑出了一个清晰完整的头肩顶形态，并且很快先后破位颈线与均价线，确定了形态的成立。结合 K 线图中的见顶信号，投资者此时就可以判断出，股价可能在这个交易日就会见顶下跌，那么谨慎型投资者就可以先行出局了。

从后续的走势中可以看到，该股在震荡中一路下滑，落到前日收盘价上后有所回升，并在下午时段开盘后再度上冲，形成了又一个头肩顶。不过这个头肩顶的位置相较于前期有所降低，并且转势后同样继续下跌，最终以 48.35 元的价格收出一根带长上影线的小阴线。

至此，股价见顶的信号就越发明显起来了，两次上冲失败形成的两个头肩顶，再加上 K 线图中量价发出的警告信号，已经基本确认了后市的走向。惜售的投资者此时也要考虑是否应该以保全收益为重，及时卖出。

### 5.2.4 震荡滞涨多重顶

震荡滞涨多重顶简单来说，其实就是股价在相对高位受阻后，反复在某一狭窄的价格区间小幅震荡形成的筑顶形态。图 5-19 为震荡多重顶形态示意图。

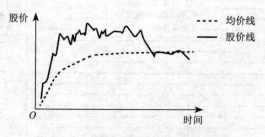

**图 5-19 震荡滞涨多重顶形态示意图**

其实震荡多重顶的形态并没有明确的规定或标准，只要股价在高位出现了反复震荡，类似横盘滞涨的走势，都可以算作多重顶。它代表着市场正处于一种竞争激烈的状态，买卖双方暂时都无法压对方一头，只能通过不断的波动和消耗来角逐出未来的走向。

显然，卖方得到了最终的胜利，股价最终还是会转入下跌，那么这段滞涨过程中形成的多重顶就是向投资者发出的转势信号。比起其他见顶形态，多重顶的构筑时间会拉长一些，留给短线投资者的反应时间也更多，投资者需要抓住这宝贵的时机借高出货，降低损失。

下面通过一个案例进行解析。

**实例分析**

### 金桥信息（603918）震荡滞涨多重顶

图 5-20 为金桥信息 2022 年 2 月至 4 月的 K 线图。

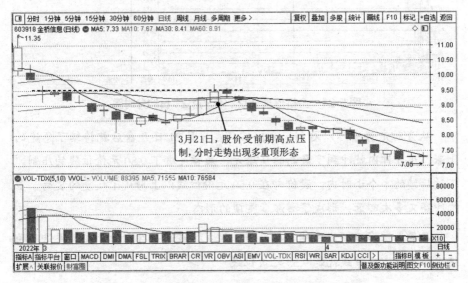

**图 5-20　金桥信息 2022 年 2 月至 4 月的 K 线图**

从图 5-20 中可以看到，金桥信息正处于下跌趋势之中。2022 年 3 月初，股价下跌到 9.50 元价位线上后有过一次停顿和横盘，说明该价位线对股价有过一定的支撑。在该支撑线被破位后，可能会在未来转化为限制股价反弹的压力线。

3 月上旬，股价跌至 8.50 元价位线上后止跌横盘，数日后开始形成反弹。经过几个交易日的收阳上涨后，股价于 3 月 21 日开盘后快速上涨，首次接触到了 9.50 元价位线。此时，中长期均线也运行到了 K 线附近，对其形成了一定的压制，股价有见顶的可能，投资者需要进入分时图中进一步分析。

图 5-21 为金桥信息 2022 年 3 月 21 日的分时图。

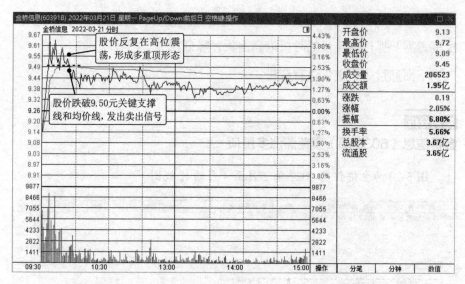

图 5-21　金桥信息 2022 年 3 月 21 日的分时图

从分时走势中可以看到，金桥信息在 3 月 21 日开盘后就持续了急速的上涨，几分钟内就冲到了最高的 9.72 元，短暂突破了 9.50 元价位线的压制。不过后续的半个小时内，股价却在 9.50 元价位线以上形成了反复的震荡，多次冲高又多次回落，形成了滞涨多重顶的形态。

尽管滞涨多重顶没有明显的颈线，但支撑线还是存在的。在金桥信息的这次滞涨中，支撑线就是 9.50 元价位线。

从其后续的走势可以看到，股价在数十分钟的震荡后就跌破了支撑线和均价线，落到了 9.38 元价位线上。尽管短时间内没有明显继续下跌的迹象，但多重顶见顶的信号已经发出，谨慎型短线投资者要迅速出局。

## 5.3　量价破位形态助短线卖出

分时图中的量价破位形态还是比较丰富的，根据分时交易时间的划分，在早盘开盘半个小时、午盘开盘半个小时和临近收盘的半个小时内，量价更容易形成特殊的破位形态，这些形态可帮助短线投资者进行操作。

### 5.3.1　早盘巨量跌停

早盘巨量跌停指的是在开盘后不久，成交量放出巨量压制股价急速下跌，在开盘后的半个小时内将其压制到跌停板上的形态。图 5-22 为早盘巨量跌停形态示意图。

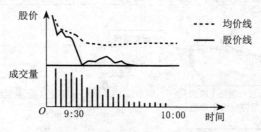

**图 5-22　早盘巨量跌停形态示意图**

在巨量跌停以后，股价可能立即封板，也可能在接触到跌停板的下一分钟就回升震荡，并反复波动，直到某一时刻再度被压制下行，回到跌停板上彻底封住。

这种形态在行情的各个位置都可能出现，但下跌初期和向下破位某支撑线的位置会形成得更加频繁。它意味着市场看跌的决心和力度较强，有时候其中还有主力的参与，目的可能是出货或震仓。

对于短线投资者来说，这种形态当然不可久留，一个交易日就损失 10% 甚至 20%（创业板和科创板的单日跌幅限制是 20%）的资金是谁都不愿意接受的。因此，短线投资者需要在股价彻底封板之前寻找机会卖出，以尽快撤离为佳。

下面通过一个案例来解析。

**实例分析**
### 金徽酒（603919）早盘巨量跌停形态解析

图 5-23 为金徽酒 2020 年 11 月至 2021 年 2 月的 K 线图。

图 5-23 中展示的是金徽酒的一段涨跌趋势转换的过程，从中长期均线的走向就可以看出，在 2020 年 12 月中旬之前，股价还处于上涨之中。不过，

在跃过 45.00 元价位线后，股价就受阻并出现了明显的滞涨，开始在该价位线附近横盘震荡。

在创出 50.08 元新高的次日，股价大幅低开后迅速下滑，有破位支撑线进入下跌的趋势，是一个关键的卖点。下面就来看看当日的分时走势。

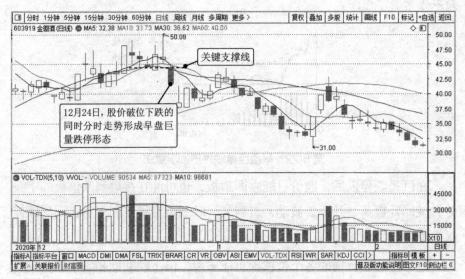

图 5-23　金徽酒 2020 年 11 月至 2021 年 2 月的 K 线图

图 5-24 为金徽酒 2020 年 12 月 24 日的分时图。

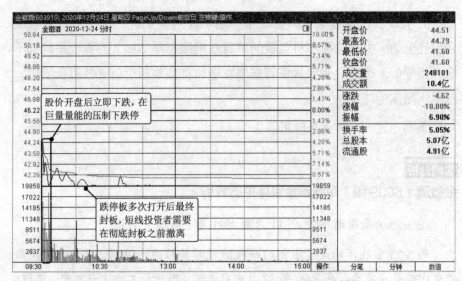

图 5-24　金徽酒 2020 年 12 月 24 日的分时图

12 月 24 日正是股价向下破位的交易日，从其分时走势可以看到，该股当日是以 44.51 元的低价开盘的，并且在开盘后第一分钟就立即快速下跌。很快，股价落在 42.26 元价位线上后短暂地停滞了几分钟，随后便在均价线的压制下继续下行，直接落到了跌停板上。

观察成交量也可以发现，在这几分钟股价急速下跌的过程中，成交量量能还是比较可观的，尤其是在股价跌落到跌停板上时，单根量能达到了阶段峰值。量价之间形成了早盘巨量跌停的形态，证明了市场看跌的坚定。

幸运的是，股价此次并未彻底封板，而是在接触到跌停板的下一分钟就迅速回弹，上涨至均线线附近才受压再次下跌。

由此也可以看出，尽管股价短时间内并没有直接跌停的迹象，但均价线对其的压制力依旧存在，后续大概率还是会跌停。因此，没有来得及在前面的相对高位借高出货的短线投资者，此时就要抓住股价尚未跌停的时机迅速卖出了。

回到 K 线图中也可以看到，该股在此次跌停后的次日落到了 60 日均线附近，在止跌后虽然很快进行了一次反弹，但反弹的高点也就基本和 12 月 24 日的开盘价齐平，并不能为短线投资者挽回多少损失，由此可见果断决策的重要性。

## 5.3.2　午盘后放量转折下跌

午盘一般指的是下午时段开盘后的半个小时，这半个小时和早盘半个小时一样关键，是很多转折和变盘发生的位置，短线投资者有必要对该关键时间节点保持一定的关注。

午盘后放量转折下跌指的是股价在早间收盘之前还处于横盘或是小幅震荡状态，在下午时段开盘后却突然明显转折向下，同时伴随着量能的急剧增长，表现出市场助跌的急迫。图 5-25 为午盘后放量转折下跌形态示意图。

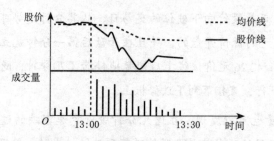

图 5-25　午盘后放量转折下跌形态示意图

这种走势在事先是比较难判断的，股价可能在前期根本就没有表现出任何走弱的迹象，也没有破位转折的趋势，那么午盘突兀的转折就比较考验短线投资者的反应速度和决策能力了。

如果短线投资者错过了转折初始最佳的卖出时机，而股价也没有明显的回升迹象，投资者就不要长期停留等待反弹了，越早出局越能保住资金。

下面来看一个案例解析。

**实例分析**
### 恒烁股份（688416）午盘后放量转折下跌形态解析

图 5-26 为恒烁股份 2023 年 1 月至 3 月的 K 线图。

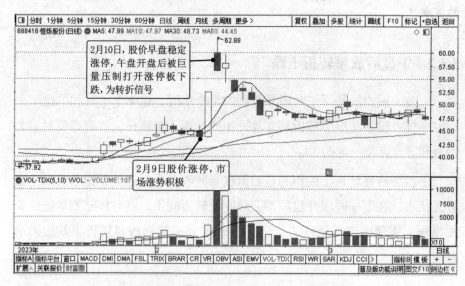

图 5-26　恒烁股份 2023 年 1 月至 3 月的 K 线图

从图 5-26 中可以看到，恒烁股份在 2023 年 2 月上旬形成了一次十分明显且快速的上涨。2 月 9 日，股价就在巨量量能的推动下直接涨停，由于该股是在科创板上市的，当日的涨幅就达到了 20%，为参与其中的短线投资者带来的极其可观的收益。

此时，市场涨势积极，并且股价在 2 月 10 日也是以高价开盘的，且在开盘后就立即涨停封板了，没有任何走弱的迹象。但需要注意的是，股价如果在极短的时间内实现暴涨，那就有可能在任何时刻急速拐头下跌，释放场内积累的巨量抛压。

因此，尽管恒烁股份在 2 月 10 日这一天的早盘时间内是稳定涨停的，短线投资者也有必要在下午时段开盘时给予一定的关注，预防股价突然下跌。下面来仔细观察 2 月 10 日的分时走势，看看下午时段开盘后股价是否有明显的变动。

图 5-27 为恒烁股份 2023 年 2 月 10 日的分时图。

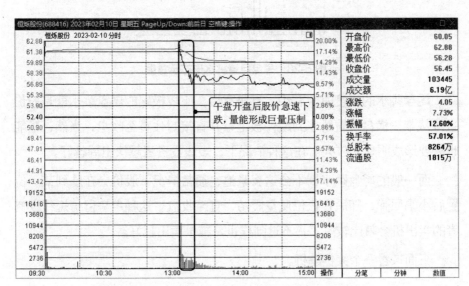

图 5-27　恒烁股份 2023 年 2 月 10 日的分时图

从 2 月 10 日的分时走势中可以看到，下午时段开盘后，股价立即就开板并快速下跌了。与此同时，成交量也在第一分钟放出巨量，沉重的抛压被释放后依旧压制着股价下跌，传递出了明显的后市看跌信号。

开板后如此快速和巨幅的下跌，也意味着股价在短时间内回到涨停板上的可能性较小，最多小幅反弹到一定的高度，这一点也在股价后续的走势中得到了证实。因此，短线投资者要及时作出反应，意识到股价短暂的爆发结束了，可以兑利离场了。

### 5.3.3 尾盘巨量跳水

尾盘是指临近收盘前的半个小时，股价在这段时间内若能形成如同午盘巨量转折向下的走势，就可以被称为尾盘跳水。图 5-28 为尾盘巨量跳水形态示意图。

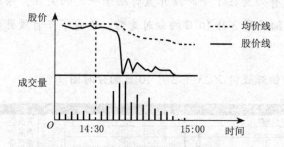

图 5-28　尾盘巨量跳水形态示意图

尾盘跳水的幅度有大有小，有快有慢，比较极端的尾盘跳水就是股价直接从某一横盘位置跳水到跌停板上，并直接封住直至收盘，当然，量能也需要形成明显的放大。在这种情况下，短线投资者越快出局越好。

而一般的尾盘跳水则不会这么紧迫，通常情况下股价会在跌到某一位置后小幅回弹，随后在低位反复震荡，直至收盘。这种走势留给短线投资者的卖出机会就比较多了，不过同样也是越早卖出越好。

下面来看一个案例解析。

**实例分析**

**三变科技（002112）尾盘巨量跳水形态解析**

图 5-29 为三变科技 2022 年 7 月至 10 月的 K 线图。

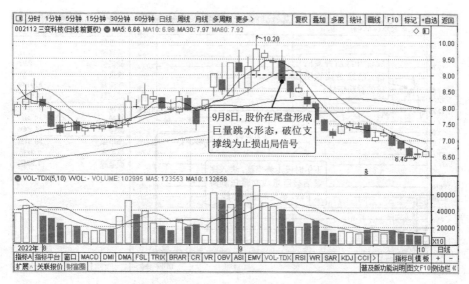

图 5-29　三变科技 2022 年 7 月至 10 月的 K 线图

在三变科技的这段走势中，股价的趋势性还是比较明显的，2022 年 8 月至 9 月初，股价保持了较长时间的上涨走势。但在进入 9 月后不久，股价便在 9.00 元价位线上方形成了滞涨横盘，呈现出突破困难的状态。

9 月 8 日正是股价滞涨期间的一个交易日，在这个交易日中，市场表现出了明显的助跌意愿，下面就来看看当日的分时走势如何。

图 5-30 为三变科技 2022 年 9 月 8 日的分时图。

从 9 月 8 日的分时走势中可以看到，三变科技在当日是以高价开盘的，在开盘后不久股价就出现了一次积极的上冲，但并未持续太长时间就拐头向下，破位均价线后形成了一个类似于倒 V 形顶的形态。

这样的冲高回落形态已经能够从一定程度上证明股价上涨存在困难了，股价在后续长时间的下跌进一步确定了下跌的趋势，谨慎型短线投资者已经可以先行卖出了。

下午时段开盘后，股价减缓了下跌走势，开始横盘震荡。临近尾盘时，股价还维持在一定位置上小幅波动，进入尾盘后，股价先是短暂上冲，随后快速拐头向下运行。随着成交量量能的不断放大，股价跌速越来越快，直至落到 8.72 元价位线附近才止跌收盘，形成尾盘巨量跳水形态。

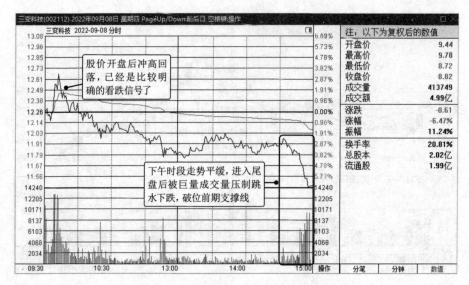

图 5-30　三变科技 2022 年 9 月 8 日的分时图

　　回顾 K 线图也可以看到，该股当日形成了一根长实体阴线，收盘价已经跌破了 9.00 元的前期支撑线。而在次日 K 线同样收出了一根长实体阴线，进一步证实了下跌趋势的形成，此时还未离场的短线投资者需要抓紧时间了。

### 5.3.4　尾盘先放后缩冲高回落

　　在尾盘形成冲高回落的同时，成交量量能需要先放后缩，为价格的上涨提供充足的动力。图 5-31 为尾盘先放后缩冲高回落形态示意图。

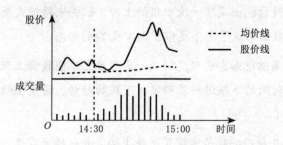

图 5-31　尾盘先放后缩冲高回落形态示意图

　　尾盘形成的冲高回落是一种迷惑性较强的形态，很多投资者一时之间都无法分析出其中的含义，更判断不出后市的走向。此时就需要借助

K 线图中的走势来辅助分析了。

如果股价处于相对高位或滞涨的后期，尾盘冲高回落就有可能是买盘积蓄力量最后上攻的表现，目的是在更高的位置将筹码抛售，导致股价在短暂冲高后迅速回落。这种情况是短线投资者不希望看到的，但在遇到时也不要惜售或犹豫，及时借高跟随卖出才能保住更多的收益。

下面来看一个案例解析。

**实例分析**

### 鸿博股份（002229）尾盘先放后缩冲高回落形态解析

图 5-32 为鸿博股份 2022 年 7 月至 10 月的 K 线图。

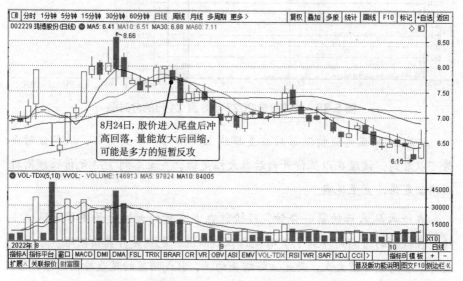

图 5-32　鸿博股份 2022 年 7 月至 10 月的 K 线图

在鸿博股份的这段走势中，股价长期处于震荡趋势之中，虽然中长期均线表现出了比较明显的涨跌方向变化，但从该股的表现来看，并不适合长期持有，短线投资者可适当参与其中。

从 8 月初开始，股价在一次回调落到 60 日均线附近后得到支撑迅速上扬，K 线连续收阳，向短线投资者传递出了明确的买入信号。不过在 8 月中甸时股价就在创出 8.66 元的新高后拐头向下，结束了此次上涨，短线投资者此时要注意兑利卖出了。

图 5-33 为鸿博股份 2022 年 8 月 24 日的分时图。

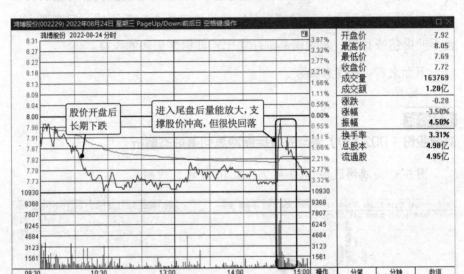

**图 5-33　鸿博股份 2022 年 8 月 24 日的分时图**

8 月 24 日正是股价跌落后在支撑线上徘徊的一个交易日，从其分时走势可以看到，该股在以低价开盘后就大幅走低，直至落到 7.73 元价位线附近后横盘震荡，直至尾盘。

在进入尾盘后的第一分钟，股价就在成交量的大幅放量支撑下迅速上冲，在极短的时间内冲到了 7.96 元价位线附近，也就是开盘价附近。不过该股并未在高点停留太久，而是立即拐头向下，形成明显的尾盘冲高回落走势。同时成交量也开始回缩，形成先放后缩走势。

在尾盘形成这种走势，此时结合 K 线图可以看出，股价正处于从相对高位跌落的阶段，这次冲高回落可能只是多方的一次强烈反弹，待到此次上攻结束，股价大概率会继续下跌。那么此时短线投资者就要趁着股价反弹的机会卖出了。

# 第6章

# 实战中利用破位技术卖出

经过前面5章对破位技术的学习，相信短线投资者对此已经有了比较深刻的理解，但理论知识终究还是需要经过实战的考验，才能真正实现运用自如。本章就选取几只走势各不相同的个股，分析其中的破位形态，帮助投资者在实战中更高效地做好止损工作。

# 6.1 中航重机：单边上涨行情中的破位

单边上涨行情中不仅有大量的盈利买入机会，同时也存在大量的兑利抛盘机会。要高效、精准地抓住这些卖出机会，破位形态是其中的关键，它是警示短线投资者及时止损，保住资金的重要工具。

为了向投资者展示实战中寻找破位形态止损的方法，本节选取了中航重机（600765）作为示例个股。该股在 2020 年 4 月至 2022 年 3 月都处于比较明显的单边上涨行情之中，但其中也形成了多次深度回调及震荡走势，短期价差较大，是比较理想的短线投资对象。

下面就来看看中航重机中有哪些破位形态，短线投资者又要如何应对。

## 6.1.1 单边行情形成初期的回调破位

单边行情的形成总需要一个过程，尤其是中航重机这种优质白马股。一般来说，在上涨行情的初期，股价拉升得不会那么迅速，持续时间也不长，股价很快便会形成回调。

这是因为前期股价长期处于低位震荡，市场氛围冷清，场内停留的大多是长期被套的投资者或短线投资者。那么，一旦价格在短时间内出现了明显的上涨，就会有大量的获利盘涌出，卖盘挂单量相较于低位区域时期大幅增长，导致股价在竞价中不断走低，最终形成回调。

而在此之前，买卖盘的博弈和竞价变化会以某种方式展现出来，形成提前预警信号。在很多时候，这种预警信号就是破位，至于是技术形态破位、均线支撑破位还是技术指标破位，就要根据实际来分析了。

下面来看一个案例解析。

**实例分析**
**上涨初期的回调震仓破位**

图 6-1 为中航重机 2020 年 4 月至 9 月的 K 线图。

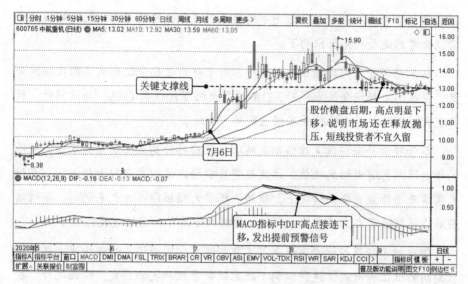

图 6-1　中航重机 2020 年 4 月至 9 月的 K 线图

从图 6-1 中可以看到，中航重机在 2020 年 5 月初就已经进入了上涨趋势之中，不过刚开始的上涨速度很缓慢，股价长期在 10.00 元价位线的压制下横盘震荡，中长期均线也无法表现出明显的趋势性。

进入 6 月后，股价终于成功突破到了压力线之上，并在横盘一段时间后，于 7 月初开启了一波快速的拉升。可以看到，K 线从 7 月 6 日开始就明显加大了收阳幅度，短短数日就冲到了 13.00 元价位线附近，在此释放了一波抛压后继续向上，运行到了 15.00 元价位线以上。

但与前期不同的是，该股在小幅跃过 15.00 元价位线后大幅回落，跌到了 13.00 元价位线上后，在 13.00 元到 15.00 元的价格区间内横盘运行，而该横盘区间的下边线正是前期阻碍股价上涨的压力线。

从压制转为支撑后，13.00 元的价位线就承担起了衡量股价是否还值得继续持有的责任。简单来说，就是股价如果彻底破位该价位线，投资者就要考虑卖出了。不过幸运的是，短时间内该股并未出现破位的迹象。

但 K 线保持稳定并不代表其他技术指标也处于稳定状态。投资者若注意到 MACD 指标，就会发现在股价横盘震荡的这段时间内，DIF 的高点在不断下移，形成了技术指标破位形态。这是一种明显的上涨动能不足导致的提前预警信号，而且也与依旧走平的股价形成了一定的背离。此时短线投资者就要考虑是否要先行出局了。

从后续的走势可以看到，DIF 在不断下移的过程中还形成了两次拒绝金叉，在第二次拒绝金叉出现后，DIF 明显大幅下滑远离 DEA。与此同时，股价也大幅下跌，并小幅跌破了横盘区间下边线。

尽管股价并未将该支撑线彻底跌破，但价格的高点有明显的下移，股价的横盘区间也有大幅的收敛。这就说明目前场内依旧存在较大的抛压，在横盘震荡无法释放完全的情况下，市场选择了大幅压价的方式来进行。不过该股后市显然还存在上涨潜能，所以，价格只下滑了一定幅度就停住了。

但这对于短线投资者来说也并不算好消息，因为许多短线投资者是在横盘期间的低位买进的，这种回调下跌无疑会导致一定的损失。除此之外，在前期拉升期间买进的投资者也不应该一直持股到现在，这不符合短线投资者快进快出的操盘原则。因此，在 MACD 指标破位下跌，K 线也出现明显下滑迹象时，短线投资者还是应以出局为佳，待到回调结束后再买进不迟。

## 6.1.2　连续上涨后的深度回调

在单边行情序幕拉起后，中航重机就进入了连续的上涨之中。市场在发现个股进入强势行情后，抛售的意愿就不会那么急切了，这就留给个股充足的拉升时间。同时，源源不断补充进场的资金也会不断推动着股价向上攀升，进入良性循环之中。

不过，要想维持住长期稳定的上涨趋势，偶尔的震荡和回调是很有必要的。

股价需要通过间歇性的波动来调整买卖盘之间的关系，使双方力量不至于过度失衡，导致暴涨后暴跌的情况出现。

同样的，就算股价持续上涨，短线投资者也不能一直持有，适当地在股价回调破位的同时卖出，将资金回笼后再进行下一波投资，才能有效把控风险，增加收益。

下面来看一个案例解析。

**实例分析**

### 连续上涨过程中的小幅回调与深度回调

图 6-2 为中航重机 2020 年 9 月至 12 月的 K 线图。

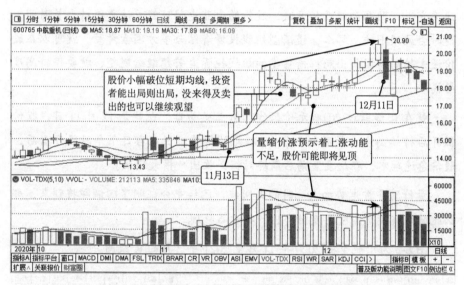

图 6-2　中航重机 2020 年 9 月至 12 月的 K 线图

从图 6-2 中可以看到，中航重机的回调整理一直持续到 11 月中旬，股价都还在 15.00 元价位线的压制之下运行。11 月 13 日，K 线大幅收阳上涨，终于成功突破了前期高点，进入新的拉升之中。同时，成交量也形成了巨幅放量，说明有大量资金注入支撑股价上涨。

在经历了数日的积极上涨后，股价在 19.00 元价位线附近受阻后小幅回落到 17.00 元价位线附近，对短期均线形成了比较明显的破位。不过，由于此次回调的幅度不大，持续时间也很短，很多短线投资者还没决定好是否出局，股价就再次回归上涨了，投资者可以继续持有。

12 月上旬，该股在连续的上涨中来到了 20.00 元价位线以上，短期涨势十分积极，短线投资者收益可观。但正如前面所说的，股价在连续上涨后需要通过一定的方式释放压力，短线投资者不可因为收益丰厚而忽略风险。

如果短线投资者找不到分析的突破口，可以尝试观察成交量与股价之间的关系。从成交量的涨跌趋势可以看到，该股在11月中旬时曾出现过明显放量，但在后续股价继续上涨的过程中，量能却几乎走平，相较于前期更是明显缩减，与高点上移的股价形成了量缩价涨的背离。

在股价积极上涨的过程中形成这种背离，显然预示着市场资金注入的速度变慢，助涨动能开始衰减，股价的上涨走势可能无法再维持太长时间，随时会见顶下跌。那么，谨慎型短线投资者结合多方因素考量，就可以在股价还未转向时提前出局；惜售型的短线投资者若想继续观望，就要保持高度警惕。

就在K线跃过20.00元价位线的第三交易日，也就是12月11日，股价低开后持续高走，最高创出了20.90元的价格。但在当日下午时段开盘后，股价急速跳水，在反复震荡后最终封板，收出一根大阴线。

量价的异常走势加上此时的大阴线，已经充分证明了回调即将到来，那么此时短线投资者就要及时卖出，将收益兑现。

图6-3为中航重机2020年11月至2021年2月的K线图。

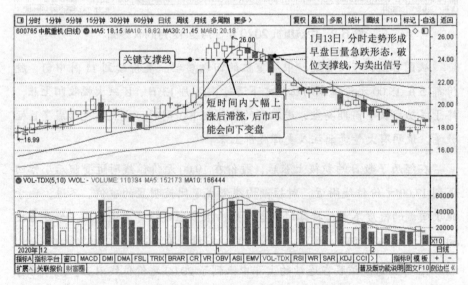

图6-3 中航重机2020年11月至2021年2月的K线图

继续来看后面的走势。从图6-3中可以看到，该股在短暂下跌到30日均线附近后就止跌并继续上涨了。如此短时间又大幅度的回调，更加证实了市场只是想借此震仓，用于减轻后市拉升的压力，短线投资者完全可以再次买进，继续持有。

12月下旬，股价回归上涨后的拉升速度越来越快，甚至收出了一根涨停阳线。进入2021年1月后，股价已经来到了24.00元价位线以上，随后在其支撑下形成横盘滞涨。

此次拉升的幅度相较于前期更大，后续对应的回调幅度就可能更深，这是短线投资者需要特别注意的。当股价在相对高位形成滞涨时，短线投资者就要给予高度关注，防备随时可能出现的下跌。

图6-4为中航重机2021年1月13日的分时图。

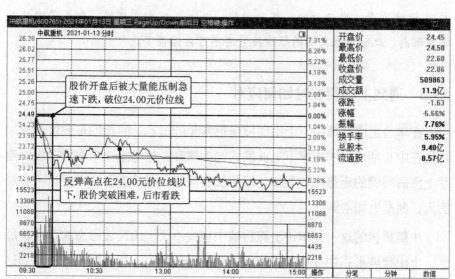

**图6-4　中航重机2021年1月13日的分时图**

1月13日正是中航重机高位滞涨到后期的一个交易日。从其分时走势中可以看到，该股在以低价开盘后就出现了跳水式的下跌，同时成交量也逐步释放出巨量，进一步将价格下压，量价形成了早盘巨量急跌的形态。

此时，股价已经跌破了24.00元价位线，也就是K线图中支撑股价高位滞涨的关键价位线，破位形态已经出现。不过该股在跌至 22.96 元价位线附近后就止跌并反弹了，谁也说不准该股后续会不会收出阳线，因此，短线投资者可以再观望一段时间。

10:30 之后，该股已经上涨到了 23.98 元价位线附近，非常靠近前期支撑线。根据股价运行的规律，该股能否突破该价位线，是短线投资者是否应该出局的关键。

显然，该股并没有一举向上突破该价位线的动力，因为此时的量能已经大幅缩减了。而且从股价线的走势来看，一直被压制在 23.98 元价位线下方横盘震荡，这与 K 线图中高位滞涨的走势何其相似。多重信息相互印证、结合，得出了这样一条结论：下跌趋势大概率即将出现。

后续股价的走势也证实了这一点，股价从相对高位落下后，一直跌到 22.86 元才收盘，当日收出一根大阴线，跌破了前期支撑线，形成了内外双破位形态。此时还未离场的短线投资者不可再停留了。

### 6.1.3　遇到上山爬坡时如何应对

在单边上涨行情中，上山爬坡是很常见的形态，它指的是股价和短期均线在中长期均线的支撑下呈波浪式向上攀升。这与上一个案例中股价连续上涨后回调的走势比较类似，但更加有规律，股价震荡的幅度也不会那么大，而是更加密集。

中航重机的这一波单边上涨行情中也少不了上山爬坡形态的存在，那么，上山爬坡形态中存在哪些值得关注的破位形态，短线投资者在遇到这种情况时又应当如何应对呢？

下面来看一个案例解析。

**实例分析**

**上山爬坡型走势的短线应对之法**

图 6-5 为中航重机 2021 年 4 月至 7 月的 K 线图。

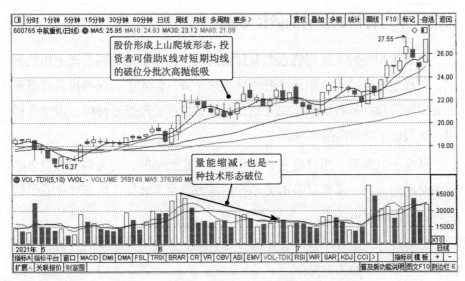

图 6-5 中航重机 2021 年 4 月至 7 月的 K 线图

从图 6-5 中可以看到，中航重机的上山爬坡形态是从 2021 年 5 月初开始显现的，那时股价正从 16.27 元的相对低位回升，在缓慢的上涨中带动中长期均线向上转向，形成支撑。

到了 6 月初，均线组合已经全部完成了转向，中长期均线承托在短期均线和 K 线之下，三者同步向上运行。6 月中旬之后，股价的波浪形上升走势更加明显，上山爬坡形态初具雏形。

而在此期间，成交量相较于前期有明显的回缩，形成量缩价涨的形态，这其实就是一种技术指标破位。在失去量能持续放量支撑的情况下，股价的涨速明显减缓，短线投资者操盘需要更加谨慎。

除此之外，在股价反复涨跌的过程中，K 线也多次破位短期均线，形成均线支撑破位形态，但中长期均线依旧起支撑作用，并未被破位。也正是这种支撑，使得短线投资者能够确定上涨趋势并未结束，从而借助上山爬坡形态进行波段操作，尽可能地避开每一次下跌，将收益扩大化。

由此可见，上山爬坡的应对之法也是高抛低吸，只是次数更加频繁而已。当然，短线投资者也可以间隔几次涨跌，将收益累计一部分后再出手，这样能节约一点儿精力和交易手续费，但缺点是容易判断失误被套。具体要怎样操作还应根据个人情况来决定，投资者不可盲目跟风。

### 6.1.4　单边行情到顶后的破位形态

再稳定积极的上涨行情也总有到头的时候，那怕是优质公司上市的股票，市场也不可能无止境地注资支持某只个股。事实上，很多投资者都无法分辨阶段顶部和行情顶部的区别，因此，只能长期绷紧神经，谨慎分析每一次股价下跌背后的深意。

从这一点来看，短线投资者还是具有一定优势的，因为短线投资者的持股时间短，并不需要过多地关心行情是否发生了转变，只需要在股价转势时及时卖出就可以了。

但要注意，这并不意味着短线投资者能完全脱离对趋势的分析，毕竟这关系到下一次的买卖操作。

综上所述，短线投资者还是需要在股价上涨到高位并形成破位形态后及时出局，然后在场外谨慎观望，一旦明确行情发生了转变，就要考虑是否脱离个股，另选目标进行操作。

下面来看一个案例解析。

**实例分析**

**行情见顶后的破位形态**

图 6-6 为中航重机 2021 年 9 月至 2022 年 3 月的 K 线图。

在上一个案例中，中航重机在 2021 年 7 月还处于上山爬坡的状态中，并且高点已经接近了 28.00 元价位线。但通过图 6-6 可以看到，在 2021 年 10 月初，股价是下跌到 28.46 元的低位的，这说明该股在上山爬坡之后经历了一波回调，在 10 月初才开始重新上涨。

受这波回调的影响，30 日均线有所波动，但 60 日均线依旧坚持上行，短线投资者可在股价跌到 60 日均线附近受到支撑的位置重新买进。

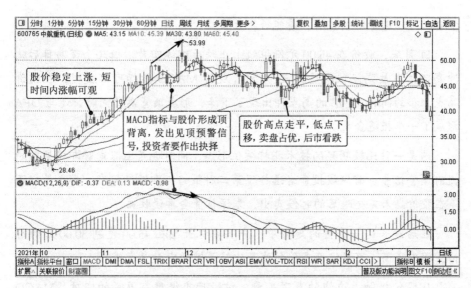

股价稳定上涨，短时间内涨幅可观

MACD指标与股价形成顶背离，发出见顶预警信号，投资者要作出抉择

股价高点走平，低点下移，卖盘占优，后市看跌

图 6-6 中航重机 2021 年 9 月至 2022 年 3 月的 K 线图

从后续的走势可以看到，该股这一波的上涨走势相当稳定，K 线虽然收出了交错的阴阳线，但几乎都没有对两条短期均线形成彻底的破位，使得两条短期均线几乎呈平行状向上运行。

与此同时，观察 MACD 指标可以发现，DIF 与 DEA 的走势情况与短期均线如出一辙，都在不断向上攀升。这是股价涨势积极，市场看涨情绪稳定的表现，短线投资者可一直持有，不必着急卖出。

2021 年 11 月中旬，股价在 50.00 元价位线附近受阻后小幅回调，落到了 45.00 元价位线上。受此影响，两条短期均线形成了一次不太明显的交叉，但 MACD 指标中的 DIF 却是直接跌穿了 DEA，技术指标破位形态明确。

现在，短线投资者面临着两个选择：一是立即卖出兑利，随后再伺机参与；二是继续持有，等待更大幅度的上涨。这两种选择其实都没有错处，主要的决定因素在于短线投资者的持股时间和盈利状况。

如果短线投资者入场时间较早，持股成本较低，那么目前手中掌握的收益一定是比较可观的，再加上持股时间也比较长了，选择立即出局兑利是更加明智的。而如果短线投资者在股价上涨到了一定位置才追涨入场，同时持股也没几个交易日，现在可能盈利较少甚至还可能存在亏损，那么这部分投资者就可以选择继续持有，看能否扩大收益。

11 月底，股价在 45.00 元价位线上止跌后继续回升，但几个交易日后就冲高回落，最高点仅仅达到 53.99 元。观察 MACD 指标可以发现，在股价高点上移的同时，DIF 的高点却出现了下降，形成顶背离的同时，还与 DEA 形成了一个拒绝金叉。

这是一种比较明显的技术指标破位形态，同时也是上涨走势即将见顶的提前预警信号。若短线投资者选择了第二种策略，即继续持有，那么最好还是在股价尚未完全跌落的时候卖出，先保住资金再谈收益。

在后续长达一个月的走势中，中航重机长期在 45.00 元到 50.00 元的价格区间内震荡，可见这两条价位线是比较关键的变盘参考线。

从股价接触上边线的表现来看，该股后市很难有更高的突破，MACD 指标线的持续下移也能证明这一点。而从下边线来看，股价的低点几乎在每一次反弹后都会下移，进入 2023 年 1 月后，K 线已经明显破位该支撑线了。结合 MACD 指标的不断下行，买卖双方谁更占优一目了然，短线投资者要及时警醒，谨慎参与。

## 6.2 电魂网络：下跌行情中的破位止损

即便个股处于下跌行情之中，依旧不乏投资者入场参与。有的投资者是希望借助反弹盈利，有的投资者则是被套后需要解套止损，还有的投资者则是判断出错误入场内的。

但无论如何，在下跌行情中操盘的投资者一点也不比上涨行情中少。因此，短线投资者也有必要加强自己在下跌行情中对破位技术的理解和应用，以备不时之需。

本节选取的是电魂网络（603258）2020 年 5 月至 2021 年 3 月的这段走势，在这近一年的时间内，电魂网络几乎一直维持着下跌走势，不过反弹次数不少，很适合短线投资者用来磨炼破位技术，寻找止损点。

### 6.2.1　下跌初期的破位形态

在上涨行情发生转折后，有的短线投资者反应很快，直接就在股价转势的同时就卖出了，但部分惜售的投资者可能要等到股价彻底下跌后才打算卖出。

根据股价在高位的表现，其形成的破位形态也各不相同，有时候还会出现多个指标共同破位的情况。短线投资者要注意甄别，并及时作出反应，不要盲目惜售，徒增风险。

接下来就通过电魂网络在下跌初期的表现来分析多个指标及 K 线自身可能出现的破位形态。

下面来看一个案例解析。

**实例分析**

**行情转折时抓住破位形态止损**

图 6-7 为电魂网络 2020 年 5 月至 8 月的 K 线图。

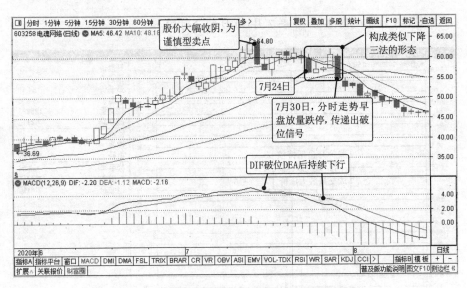

图 6-7　电魂网络 2020 年 5 月至 8 月的 K 线图

从图 6-7 中可以看到，在 2020 年 7 月中旬之前，股价还处于积极的上涨趋势之中，均线组合长期维持着多头排列形态，MACD 指标也在零轴上方稳定运行，表现出市场看涨的积极信号。

7 月中旬，该股上涨靠近 65.00 元价位线时受阻回落，收出了一根大阴线，收盘价跌破了 60.00 元价位线。这是近期以来实体最大的阴线了，单日跌幅也达到了 8.19%，对于短线投资者来说是一个明确的示警。

此时来观察 MACD 指标也可以发现，在 K 线开始收阴后，DIF 迅速转向并跌破了 DEA，形成技术指标破位。结合 K 线的大幅收阴，谨慎型短线投资者现在就可以出局了。

在后续的走势中，该股维持在 55.00 元到 60.00 元的价格区间内横盘震荡，但伴随着 MACD 指标线的持续走低，股价的低点也开始缓慢下移。

7 月 24 日，K 线收出了一根跌幅达到 6.12% 的大阴线向下靠近了横盘支撑线，不过在后续的三个交易日中，该股连续收阳回升到了 60.00 元价位线以上，依旧维持着横盘震荡。但在 7 月 30 日，股价开盘后的走势就没有那么积极了，下面来看看当日的分时走势表现。

图 6-8 为电魂网络 2020 年 7 月 30 日的分时图。

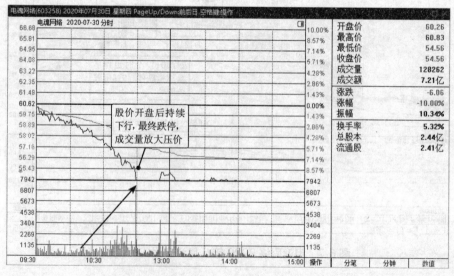

图 6-8　电魂网络 2020 年 7 月 30 日的分时图

从图 6-8 中可以看到，该股在 7 月 30 日这天是以低价开盘的，在开盘后就持续了震荡式的下跌，最终于 11:00 落到了跌停板上封板，形成了早盘放量跌停的形态。

而在股价下跌的过程中，成交量也呈现出了持续的放量，说明场内有持续的交易在进行，结合 K 线图中股价的位置来判断，很有可能是主力及大量散户出货导致的。

此时，若投资者回到 K 线图中观察近几个交易日的 K 线形态，可以发现，从 7 月 24 日到 7 月 30 日这段时间内，K 线构成了一个类似下降三法的形态。这是一种明确的看跌形态，在高位滞涨区域形成时，传递的正是即将破位下跌的信号。

那么此时的形势就比较明确了，MACD 指标线的持续下行、分时图早盘放量跌停及 K 线类似下降三法的形态，多重信号催促着投资者离场，这时即便是惜售的投资者也不可以再停留了。

---

**拓展知识**　*什么是下降三法形态*

下降三法是一种消极的看跌形态，它由五根 K 线构成，第一根和第五根都为长实体阴线，中间的三根为实体相对较小的阳线，并且这三根阳线的实体需要被覆盖在两个阴线实体之内。图 6-9 为下降三法形态示意图。

图 6-9　下降三法示意图

由此可见，上个案例中的下降三法形态其实是不标准的，但相差已经不远了，投资者依旧可以将其当作近似形态来对待。

下降三法的出现意味着买盘虽有反抗，但续航能力差，股价未来还是会沿着原有的下跌轨道继续破位下行。那么短线投资者在遇到这种形态时，采取的应对策略应当是及时卖出止损。

### 6.2.2 股价再次破位确定下跌趋势

股价从高位滞涨区域脱离并转向下方运行后，其实还不能完全确定下跌行情的到来，毕竟有些深度回调前夕也会形成这样的走势。

因此，股价转为下跌后的第一次反弹或是横盘就显得尤为重要了。若股价能够在反弹或是横盘后期再次破位向下，下跌行情就能得到进一步的确认。同时，股价反弹的高点和横盘期间也是被套投资者的卖出机会。

下面来看一个案例解析。

**实例分析**

**股价再次破位确定下跌趋势**

图 6-10 为电魂网络 2020 年 7 月至 11 月的 K 线图。

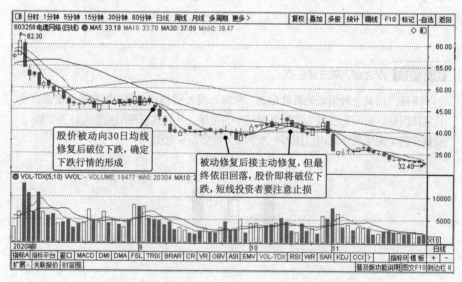

图 6-10 电魂网络 2020 年 7 月至 11 月的 K 线图

上个案例中讲到，电魂网络在高位滞涨区域形成近似下降三法形态后就继续下行了，短时间内的下跌趋势基本得到了确定，但长期趋势暂不完全明朗。

从图 6-10 中可以看到，两条短周期均线早在股价下跌时就跟随拐头向下了，30 日均线也在 8 月初完成了向下的转向，只有 60 日均线还在持续上扬，只是减缓了上行的角度。

8月中旬，股价跌到了45.00元价位线上后开始横盘震荡。在此期间，股价的波动幅度非常小，几乎是沿着一条直线在横向运行，逐渐被动地靠近正在下行的30日均线，完成了一次被动修复。

在第3章的内容中曾介绍过，当股价被动向中长期均线修复时，随着二者的不断靠近，股价变盘下跌的可能性会越来越大。也就是说，当股价非常靠近或接触到中长期均线后，大概率会破位下跌。

电魂网络后续的走势也证明了这一点，9月初，该股在横向靠近30日均线后就迅速连续收阴下跌，彻底破位45.00元的支撑线。与此同时，60日均线也在下跌的带动下完成了向下的转向，覆盖在K线上方形成压制。

此次股价的下跌不仅是对关键支撑价位线的破位，也是对下跌趋势的进一步确定。此时，误入场内的短线投资者要立即止损卖出，被套的投资者则要尽早出局。

继续来看后面的走势。该股在又一波快速下跌后来到了40.00元价位线附近，再次开启了横盘走势。不过在9月底时，K线出现了收阳向上反弹的迹象，并在10月上旬时小幅突破到了30日均线之上。但很快该股便在60日均线附近受阻回落，跌回40.00元支撑线上。

被动修复后接主动修复的走势，意味着场内还是有不少对电魂网络抱有看涨期望的买盘。但随着股价在中长期均线上受阻回落走势的出现，短线投资者要明白，下跌趋势还未结束，明智的投资者应当趁着股价还未彻底变盘下跌时借高卖出。

### 6.2.3 单边下跌行情中也存在下山滑坡

下山滑坡是与上山爬坡相对应的持续看跌形态，在单边下跌行情中经常出现，此次电魂网络中也有下山滑坡的存在。

下山滑坡形态具体指的是股价转入下跌后长期被压制在中长期均线之下，呈波浪形下跌的走势。期间短期均线会随着股价的震荡而反复产生交叉，互相破位。同时，K线也会频繁破位短期均线，发出卖出信号。

由此可见，短线投资者是可以在下山滑坡形态构筑期间进行买卖操作的，但前提是注意到了下山滑坡形态的形成，并借助中长期均线对股价的压制，以及短期均线之间的破位形态来提前预判股价反弹的高点，实现更加准确的高抛。

下面来看一个案例解析。

**实例分析**

### 下山滑坡期间的破位形态

图6-11为电魂网络2020年10月至2021年1月的K线图。

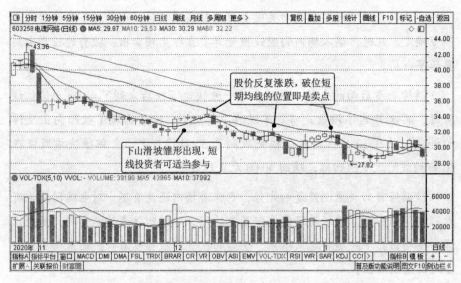

图6-11　电魂网络2020年10月至2021年1月的K线图

图6-11中展示的是上一个案例中电魂网络的被动修复转主动修复结束后，股价破位下跌之后的走势。可以看到，该股在11月初就跌到了36.00元价位线上，在小幅反弹后继续下跌。

到了11月底时，股价已经跌到了32.00元价位线上，并在后续再度形成了一次反弹。不过中长期均线的压制力还是很强劲，股价在刚刚接触到30日均线后就拐头下跌了。

此时，无论是中长期均线的走势还是股价反复震荡的表现，都比较符合下山滑坡的技术形态要求。那么此时短线投资者就可以考虑选择合适的时机建仓，准备利用规律性的反弹盈利了。

从后续的走势可以看到，该股在 30 日均线的压制下反复上下震荡，每一次反弹的高点基本都在 30 日均线上受阻，而每一次下跌时，也会破位短期均线，发出卖出信号。

不过需要注意的是，尽管短线投资者可以借助下山滑坡走势抢反弹，但由于下跌行情期间操盘的风险本就比较大，再加上股价反弹的高度有限，短线投资者绝不可惜售，否则一旦失误就有可能造成损失。

毕竟，下山滑坡期间股价的高点是在不断下移的，就算被套后等到下一次反弹卖出，也不能完全收回前期损失。

## 6.2.4 大幅反弹后的破位形态

在下跌行情运行过程中总会出现一些不同寻常的情况，比如股价突然毫无预兆的大幅反弹，并向上突破关键压力线。这种走势虽然很难提前预知，但也不算少见，短线投资者要知道如何应对。

在电魂网络的这段单边下跌行情中，同样出现了股价突兀大幅反弹的走势，其中蕴含了哪些破位形态呢？

下面来看一个案例解析。

**实例分析**
**大幅反弹后的破位形态**

图 6-12 为电魂网络 2021 年 1 月至 3 月的 K 线图。

在下山滑坡形态运行到后期，也就是 2021 年 1 月下旬时，30 日均线已经与 K 线之间产生了交叉，这说明股价有成功突破该压力线的潜力。不过，在无法确定大幅反弹是否能够出现的情况下，短线投资者还是不要轻举妄动，应以观望为主。

1月27日，该股在开盘后围绕均价线震荡了几分钟，随后大幅向上攀升，短时间内涨速极快，股价在早盘时间内就冲上了涨停板，并封板直至收盘，当日形成一根大阳线。

在K线图中可以看到，这根大阳线成功向上突破了30日均线，最高价还接触到了60日均线。这样的反弹与电魂网络前期的走势相对比，已经算是幅度很大的上涨了，就算次日就转入下跌，单日的涨幅收益也足够短线投资者消化，反应快的投资者在股价涨停之前就已经买进建仓了。

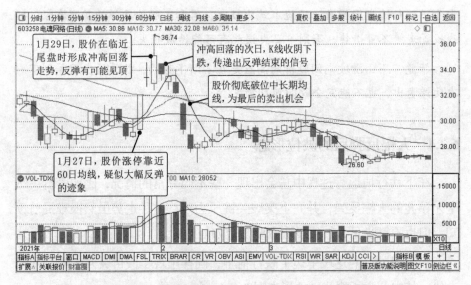

图6-12 电魂网络2021年1月至3月的K线图

继续来看后面的走势。在股价涨停的次日，K线并未收阴下跌，而是形成一根涨幅达到4.24%的十字星线，彻底突破到了60日均线之上。这就说明短时间内中长期均线的压制力失效，股价此次的反弹有机会达到更高的位置，短线投资者可继续持有观望。

图6-13为电魂网络2021年1月29日的分时图。

1月29日正是十字星线形成后的第二个交易日，从当日的分时走势可以看到，该股当日开盘后的走势其实并不算积极，在整个早盘时间内，股价都长期在均价线附近横盘震荡，直到临近早间收盘时才有所回升。

而下午时段开盘后不久，股价一反之前的横盘走势，开始在成交量放量的支撑下迅速上涨，在震荡中创出了36.74元的高价，同时也是当日的涨停价。但可惜的是，该股并未在涨停板上停留，而是立即拐头向下，形成了冲高回落的走势。

尽管该股并不是在进入尾盘后才冲高回落的，但这样的走势依旧可以明显体现出市场短暂爆发后推涨无力的情形。再结合K线图中依旧保持下行的中长期均线，此次反弹可能已经见顶了，谨慎的投资者可在当日股价破位下跌的同时卖出，惜售的投资者可以再观察一个交易日。

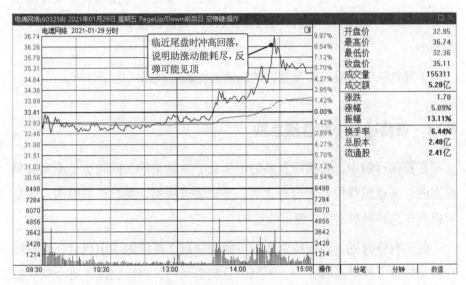

**图6-13 电魂网络2021年1月29日的分时图**

回到K线图中可以看到，在股价冲高回落后的次日，K线就收阴下跌了，尽管跌势并不沉重，甚至没有跌破前一根阳线的开盘价，但传递出的看跌信号是很明确的。因此，短线投资者没有必要一定等到中长期均线被彻底破位才卖出，这样会损失掉很大一部分收益。

## 6.3 天龙股份：震荡行情中的破位形态

震荡行情指的是在一定时期内没有明显趋势性的行情，由于股价长期无规律地上下波动，如同猴子一般上蹿下跳，因此，震荡行情也被称为猴市。

在天龙股份（603266）2019 年 3 月至 2020 年 4 月的这段走势中，震荡行情体现得十分明显。

在猴市中操盘的难度要比单边行情中更难，原因也显而易见，一旦股价失去了可供参考和分析的依据（比如单边行情中起支撑和压制作用的中长期均线），投资者就很难有效分辨出陷阱和真实，踏空行情和被套场内都是常有的事儿。

既然投资者很难提前预判出卖点，那么就要更多地依靠股价或技术指标破位下跌的止损点，这样即便判断或操作失误，也能将损失限制在一定范围内。

下面就以天龙股份的震荡行情为例进行破位技术的应用分析。

## 6.3.1 震荡过程中的急涨急跌

在震荡行情中，急涨后急跌的走势是非常常见的，同时也是不太容易把握的。不过短线投资者自有优势，谨记快进快出、及时止损原则，还是有机会在这种极端走势中赚取收益的。

但在有些时候，短线投资者很可能没能赶上最佳的卖出机会，就只能在股价破位下跌时及时止损，否则一旦被套场内，自己的投资资金就可能在短时间内被暴跌的行情蒸发殆尽，这一点在天龙股份 2019 年 5 月初的暴跌中有所体现。

下面来看一个案例解析。

**实例分析**
**高位急跌时的破位形态**

图 6-14 为天龙股份 2019 年 3 月至 5 月的 K 线图。

从图 6-14 中可以看到，天龙股份在 2019 年 4 月中旬之前的上涨走势非常稳定和积极，K 线与中长期均线之间的偏离较大，说明市场中大部分的中长线投资者都在盈利，股价现价在其成本之上。在此期间，许多短线投资者也参与其中，资金不断注入天龙股份中，使得价格持续上扬。

观察下方的 MACD 指标也可以看到，在股价上涨的这段时间内，DIF 和 DEA 在零轴以上的高位横向运行。MACD 指标线看似与依旧上涨的股价形成了背离，但事实上，这种走平是在股价持续上扬过程中自然形成的一种高位钝化现象，是一种积极看多的信号。

根据指标钝化的特性来看，如果 MACD 指标线的高位钝化有了结束的迹象，就说明股价的连续上涨即将结束，后市可能会产生震荡或下跌，打破这种稳定的走势。

而在 4 月下旬，MACD 指标线之间的黏合确实有所缓解，DIF 与 DEA 分开了一些，并且 DIF 已经破位到了 DEA 之下运行，这是股价稳定上涨的走势即将或已经结束的信号。

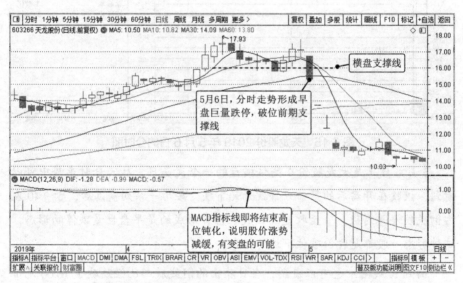

图 6-14　天龙股份 2019 年 3 月至 5 月的 K 线图

此时来观察股价的走势，可以发现，早在 4 月中旬，该股就在创出 17.93 元的阶段新高后小幅回落，跌到了 16.00 元价位线附近滞涨横盘，结束了前期的快速上涨。

结合 MACD 指标线高位钝化的结束，投资者大致可以判断出股价可能会长期维持这种横盘走势，或者在某一时刻破位下跌，那么投资者就可以在此卖出,将前期收益兑现了,以免股价突然下跌。

不过市场中总不乏惜售的投资者,不愿意在得到丰厚的盈利后轻易卖出,这也是人之常情。但这部分投资者在后续遇到股价急速破位下跌的情况时,就不能再停留了。

图 6-15 为天龙股份 2019 年 5 月 6 日的分时图。

图 6-15 天龙股份 2019 年 5 月 6 日的分时图

5 月 6 日正是天龙股份在高位横盘的一个交易日,从其分时走势中可以看到,该股在开盘后的第一分钟就开始下跌,经历一系列震荡后,于 9:40 左右彻底跌停并封板,直至收盘。该股在当日形成的是早盘巨量跌停的形态,这种形态一般都是股价破位下跌的标志。

回到 K 线图中也可以看到,当日收出的阴线底部已经跌破了 16.00 元价位线的支撑,MACD 指标线也在持续下移,传递出了明确的卖出信号。短线投资者如果没能在股价跌停之前卖出,就只能在后续的交易日中寻找机会。

但在 5 月 6 日之后,该股连续两个交易日都是以跌停价开盘的,第三个交易日也以跌停价收盘。连续四个交易日的跌停,已经给还滞留在场内的投资者造成了较大的损失。虽然连续跌停期间股价也开板交易过,但投资者已经错过了高位卖点,此时再卖出就只能是止损了。

**拓展知识**　*MACD 指标高位钝化有什么意义*

先解释一下 MACD 指标的高位钝化到底是什么意思。

其实高位钝化在很多技术指标中都存在，指的是指标线之间在相对高位发生黏结及走平，导致该指标失去指示意义。而放在 MACD 指标中，就是股价还在不断创出新高，而 MACD 指标不再同步上扬，反而持续走平，DIF 与 DEA 重合在一起，这就是指标的高位钝化。

指标高位钝化的形成原因根据不同指标设计原理的不同而有所差别，但总归都十分复杂，普通投资者没有必要去深究，只需要明白这种高位钝化只是象征着股价涨势积极就可以了。

一般来说，只要股价的积极涨势没有停止，指标的高位钝化就会一直持续。相反的，一旦 MACD 指标线之间开始分离或形成不同于钝化期间的走势，就说明股价走势开始产生变化了，有可能是滞涨，也可能是变盘下跌。因此，MACD 指标线脱离钝化的走势也能起到一定的预警作用。

## 6.3.2　暴跌后的反弹

既然行情在持续震荡，那么股价在暴跌后很快形成反弹也是很正常的情况。天龙股份此次连续跌停的走势结束后，很快就出现了同样急速的反弹，为被套的短线投资者提供了宝贵的解套机会。

但为了避免股价再次快速下跌套住筹码，这次投资者就要谨慎小心，仔细分析 K 线图中可能存在的破位信号，同时也要注意各技术指标有没有形成看跌形态。

下面来看一个案例解析。

**实例分析**

**反弹后期的破位形态**

图 6-16 为天龙股份 2019 年 5 月至 7 月的 K 线图。

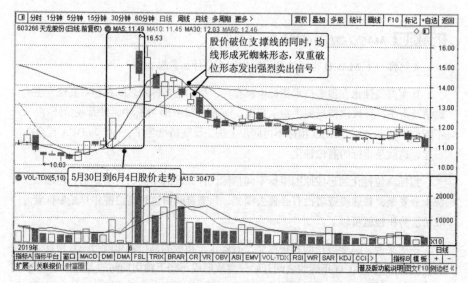

**图 6-16 天龙股份 2019 年 5 月至 7 月的 K 线图**

从图 6-16 中可以看到，天龙股份在 2019 年 5 月中旬时已经跌到了 10.00 元价位线附近，显然是前期股价连续跌停造成的。

但在创出 10.03 元的新低后不久，K 线就开始收阳反弹了。5 月 30 日，该股收出一根涨停大阳线，带动短期均线大幅向上移动。如此突兀的涨停显示出场内有大资金参与，其目的也是盈利，那它就不会让股价涨势就此停滞，未来价格可能会冲得更高。

后续几个交易日的走势也证明了这一点，该股在 5 月 31 日和 6 月 3 日都实现了涨停，但在 6 月 4 日反复震荡，最终收阴下跌。虽然股价在冲高回落的当日创出了新高，但投资者依旧需要小心反转的到来。

在后续的几个交易日中，股价维持在 14.00 元价位线附近横盘滞涨，高点逐日下移，是一个十分显眼的看跌形态。此时观察均线组合也可以发现，原本上扬的 5 日均线已经拐头向下，并逐步靠近了 10 日均线和 60 日均线，随时可能破位下跌。

6 月中旬，该股彻底跌破 14.00 元价位线的支撑，完成了技术形态破位。与此同时，5 日均线成功破位 10 日均线和 60 日均线，三条均线交叉于同一点，形成一个死蜘蛛看跌形态。此时，多重破位形态的出现已经传递出了明确的卖出信号，不希望重蹈覆辙的投资者必须立即离场了。

### 6.3.3　反弹顶部出现的特殊筑顶形态

筑顶形态一般常见于上涨行情的顶部，但偶尔也会出现在阶段顶部。在震荡行情中，这种阶段顶部比比皆是，那么在这些位置出现筑顶形态的频率就要高很多了。

天龙股份在经历了又一波急速反弹后，会下跌一段时间缓和一下，这也很符合震荡行情的特性。当其下跌到一定程度后，又会再度上涨，而在这一波上涨中，筑顶形态就出现了。

下面来看一个案例解析。

**实例分析**

**反弹顶部出现的特殊筑顶形态**

图 6-17 为天龙股价 2019 年 6 月至 8 月的 K 线图。

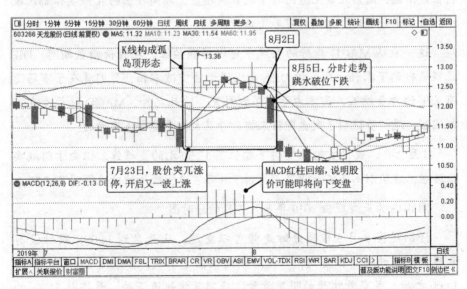

图 6-17　天龙股份 2019 年 6 月至 8 月的 K 线图

在上个案例中，股价开始上涨的起点在 10.00 元价位线附近，那么当上涨结束，股价回归下跌后，低点也大概率会落在该价位线上下不远处。也就是说，股价可能会在 10.00 元左右止跌并再次反弹。

事实也确实如此，图 6-17 中显示，该股在 2019 年 7 月下旬跌至 11.00 元价位线上后就止跌，并在 7 月 23 日急速上涨，收出了一根涨停大阳线。这与上一次的走势相似，都是突然涨停式的上涨。那接下来的走向有没有可能也与前期类似呢？投资者要特别注意了。

次日，该股再次向着涨停板发起了冲击，进入尾盘后成功达到涨停，但却并未停留，而是立即拐头向下，形成了尾盘冲高回落的形态，当日收出一根带长上影线的大阳线。

在第 5 章中讲到过，在相对高位形成尾盘冲高回落，大概率是股价即将反转或滞涨的标志。投资者目前虽然还无法完全确定此次反弹是否已经结束，但根据前几次操盘的经验来看，顶部即便还没有到来，应当也距离不远了，谨慎型短线投资者在当日就可以借高卖出，出局观望。

从后续的 K 线表现可以看到，该股在创新高的次日就跌落到了 12.50 元价位线附近，随后在其上方维持了数日的横盘，期间收出的 K 线实体都比较小，看似十分稳定，但随时可能变盘。

这一点从 MACD 指标的表现中可以得到佐证。在股价横盘期间，DIF 已经运行到了零轴上方，但 DEA 却迟迟无法突破零轴，原因就在于市场没有足够的资金注入，买方力量得不到补充。除此之外，MACD 红柱也在不断缩短，进一步证明了变盘即将来临，并且大概率是向下变盘的。

8 月 2 日，股价首次收阴向下破位了 12.50 元的支撑线，但由于阴线实体较短，破位形态还不太明显。而到了 8 月 5 日，股价的破位得到了证实。

图 6-18 为天龙股份 2019 年 8 月 5 日的分时图。

仔细观察 8 月 5 日的分时走势可以发现，从开盘到 14:00，股价没有表现出明显的趋势性走向，只是后期更偏向于下跌，但跌速也不快。而在 14:00 之后，成交量就开始明显放量，压制股价快速下跌，最终以 5.77% 的跌幅收出一根大阴线。

这样的走势与尾盘巨量跳水形态非常相似，只是没有那么极端。但结合 K 线图中股价对支撑线的彻底破位，这里的卖出信号就变得强烈起来。

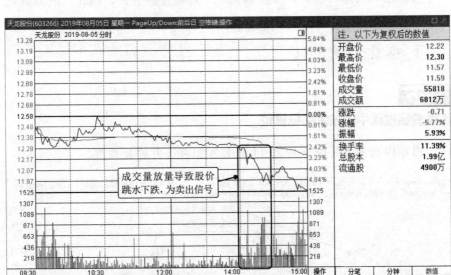

图 6-18　天龙股份 2019 年 8 月 5 日的分时图

回到 K 线图中观察，细致的投资者已经发现了，从 7 月 23 日到 8 月 5 日，K 线形成了一个塔形顶。并且由于形态的第一根大阳线与次日的阳线，以及最后一根大阴线与前一根阴线的实体之间存在跳空，塔形顶可以进阶成为卖出信号更加强烈的孤岛顶形态。

与此同时，MACD 指标线也彻底破位零轴，回归空头市场之中。孤岛顶形态的出现，再加上 K 线的破位、分时走势中的跳水及 MACD 指标对零轴的破位，此时还未离场的短线投资者应及时作出决策，尽早出局止损。

## 6.3.4　连续震荡过程中依靠指标分析

股价的连续震荡指的是在某段时间内，价格呈现出无规律的，幅度较大的震荡，并且先后衔接，如同山峦一般起伏，这是震荡行情中比较常见的一种走势形态。

在天龙股份的这段行情中，短时间内连续震荡的走势在 2019 年 12 月至2020年3月形成过一次，并且高低价差还不小，有很高的短线投资价值。

但正因其震荡幅度大，投资者把握不好就容易被套，因此，投资者此时还是要借助技术指标的破位形态来辅助分析。

下面来看一个案例解析。

**实例分析**
**连续震荡过程中的技术指标破位**

图6-19为天龙股份2019年11月至2020年4月的K线图。

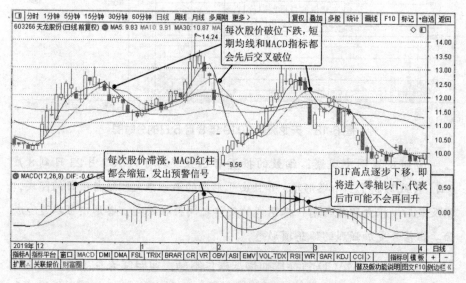

图6-19　天龙股份2019年11月至2020年4月的K线图

从图6-19中可以看到，天龙股份的连续震荡从2019年12月初开始，第一波拉升始于10.00元价位线，股价在连续大幅收阳的上涨中迅速向上攀升，数日之后就来到了13.00元价位线附近。受此影响，MACD指标线跟随从零轴以下回升，进入了多头市场之中。

12月中旬，股价的涨势减缓，开始在12.00元到13.00元的价格区间内横盘滞涨。根据以往的经验，此次滞涨结束后股价很可能会拐头下跌，观察MACD指标也可以发现，MACD红柱在股价滞涨过程中不断缩短，进一步证实了这一点。那么，谨慎型短线投资者此时就应当出局了。

12 月下旬，该股破位下跌，击穿了 12.00 元价位线的支撑后持续下行。在此之前，敏感的短期均线就已经互相形成交叉，破位下跌了。而当股价形成技术形态破位时，MACD 指标中的 DIF 也下穿 DEA，形成了一个高位死叉，与均线和 K 线配合发出了看跌信号。

总结来看，此次股价上涨的持续时间不长，但涨幅还是比较可观的，半个月的时间就从 10.00 元价位线附近上涨至 13.00 元价位线左右，约 30% 的涨幅能够使大部分短线投资者满意。但如果有投资者卖出得晚了，又不想亏损出局，就只能继续持有，等待下一波上涨的到来。

12 月底，该股在两条中长期均线上得到了支撑止跌，随后便再度收阳上涨。此次股价的涨速没有前期快，不过还算稳定，短线投资者可再次买进。

2020 年 1 月中旬，K 线连收大阳线上冲，在创出 14.24 元新高的当天冲高回落，跌到 13.00 元价位线之上横盘。很显然，这也是短期上涨结束，趋势即将反转的标志。结合 MACD 红柱的再度缩短，短线投资者可迅速卖出，将收益兑现，或者解套。

1 月底，该股短暂的滞涨结束，开始收阴转入下跌。可能是距离连续震荡起始的位置较远，或是短期涨幅太大，此次股价下跌的速度相当快，甚至还出现了一个一字跌停，短短数日内就跌出了 9.56 元的低价。

而在股价刚开始下跌时，短期均线和 MACD 指标线都形成了对应的破位形态，向短线投资者发出了警告信号，反应快的投资者应当还有机会保住大部分的资金。其他深度被套的投资者除了止损出局，就只能再继续等待。

幸运的是，该股此次的连续震荡还未结束，在创出 9.56 元的阶段新低后，股价就拐头向上了。此次股价上涨的稳定性很强，K 线大部分时间都在收阳，速度也很快，吸引了大批资金注入。

到了 2 月下旬，股价再次到达了 13.00 元价位线附近，并在 12.00 元价位线的支撑下再度横盘滞涨，与 2019 年 12 月的走势十分类似。连续操盘的短线投资者，尤其是被套过的短线投资者应当吸取教训，在股价形成滞涨的同时就应及时出局。

因为从 MACD 指标前期及目前的表现来看，MACD 红柱的缩短就是股价滞涨后变盘向下的标志。

再加上这连续三次的震荡过程中，DIF 的高点在渐次下移，已经向下接近了零轴，随时可能破位。这就意味着市场助涨动能在逐步衰弱，多方优势开始被连续的下跌削减，后市可能不会再有幅度更大的上涨了。因此，无论出于何种原因，短线投资者都不能再停留了。

从后续的走势可以看到，该股确实在 2 月底完成了破位下跌，K 线跳空低开收阴，一个交易日内就从 12.50 元价位线上跌到了 11.00 元价位线附近，看跌含义明显。与此同时，MACD 指标和短期均线也形成了交叉破位，进一步证实了趋势的反转，还未离场的短线投资者要加快止损步伐了。

通过对众多理论知识和对应案例的学习，相信投资者现在已经对破位技术有了比较深刻的理解。但需要注意的是，理论与实际是存在一定差别的，毕竟影响股价涨跌的因素不仅有技术面的，也有基本面的，再加上主力或其他大型投资机构的参与，股价的波动将变得更加难以揣测。

因此，短线投资者就算理解和掌握了破位技术，也要结合实际来具体分析，不可盲目跟随理论知识操盘。